A TODOS OS INDÍGENAS E ALIADOS

Reflexão sobre o movimento Indígena atual

Yaguarê Yamã

São Paulo

2019

1

A TODOS OS INDÍGENAS E ALIADOS

Editora: Leda Cintra Castellan

Projeto Gráfico, Capa e Ilustrações: Yaguarê Yamã

Yamã, Yaguarê
À Todos os Indígenas e Aliados
São Paulo : Editora Cintra - 2019

Prefixo Editorial 907298
Número ISBN: 978-85-907298-2-2
Título: A todos os indígenas e aliados

´ Agência Brasileira do ISBN
ISBN 978-85-907298-2-2

9 788590 729822

APRESENTAÇÃO

Apresentar Yaguarê Yamã Aripuñaguá, escritor com 26 livros já publicados e muitos prêmios nacionais e internacionais, entre eles o White Ravens da Biblioteca de Munique, na Alemanha, o qual Yaguarê é o único escritor indígena sul americano a ter obtido, parece ser dispensável, o autor já é por demais conhecido e reconhecido, mas falar de sua obra onde se mantém intimamente a conexão ficção/ realidade sempre é interessante.

Neste momento, entretanto, imprescindível mesmo, é falar desta sua última obra - A TODOS OS INDIGENAS E ALIADOS - em que a ficção cede lugar à uma investigação/discussão da realidade brasileira, nesse Brasil plurinacionalista, já que formado por imigrantes, desde seus colonizadores europeus que aqui encontraram os primitivos habitantes deste país continental, em que esses primeiros habitantes, submersos por tantos estereótipos e preconceitos parecem ter perdido a noção de que não podem se submeter às imposições de uma Europa que há séculos tenta roubar sua cultura, sua filosofia, seus nomes, suas terras e suas nações.

Sim, porque se considerarmos que há mais de 300 nações indígenas, não existe nenhum motivo para que essas tantas nações se submetam ao preconceituoso vocábulo tribo com que alguns tentam defini-las , mas salvaguardem suas nações, etnias, línguas , religiões , filosofia ou filosofias já que cada nação impregna a sua filosofia com desafios diferentes e culturas, dessa forma fugindo da fórmula utilizada na ditadura do "Integrar para não entregar" e buscando, através de seus valores étnicos, a verdadeira felicidade, a paz e a harmonia.

Só assim preservaremos este país, lindo em sua diversidade pluranacionalista, com povos vindos desde a Europa, Ásia e Oriente para aqui se encontrarem com os primitivos habitantes indígenas e viverem em harmonia. Um país se faz com a diversidade, desde que haja respeito por todos. Afinal, o que seria de um país cinza, quando a sua beleza vem das cores que o representam?

A isso, nesse A TODOS OS INDÍGENAS E ALIADOS, clama o autor. Um país em que não esteja ausente a revalorização dos indígenas, suas etnias, lugares e nações, a partir da revalorização buscada pelos próprios indígenas, para que possa ser respeitada pelos demais povos que fazem deste país o Brasil que todos nós queremos!.

Leda Cintra Castellan

COM O CARINHO E COM A FORÇA
QUEM VEM DO POVO

Não sou eu quem escolheu essa ideologia
Luto pelo povo porque sou do povo.
Não é que resolvi ser esquerdista.
Sou da esquerda porque sou minoria.
E a minoria, meus amigos, quase ou nada tem de
representatividade no poder
Não é porque gosto de criticar
Minha crítica é construtiva, porque ler livros
e ouvir a sabedoria dos antigos
me fazem ter senso crítico e protestar pelos meus direitos
e meus deveres.
Eu não escolhi dar aula de geografia e sociologia.
Apenas cumpro meu dever de orientar os jovens enquanto
sofro com a dor dos que não têm nada.
E mesmo sabendo que sou apenas um, procuro ajudar.
Eu não escolhi lutar pelos meus.
Luto porque acredito que é para isso que nasci.
... É porque dói em mim ver gente chorando, crianças com
fome, velhos humilhados, pobres pedintes.

... É porque não sou conivente com o erro. Com essa
injustiça selvagem.

Com a riqueza de poucos enquanto eles têm tudo
e tiram o pouco que têm de todos.

Assim, enquanto eu for eu, nunca serei a favor da opressão,
da ganância, da ignorância, do ódio dos ricos
que são ricos roubando e subjugando os pobres

Yaguarê Yamã

À todas as lideranças e a todos os participantes

do movimento indígena sendo indígenas e aliados

Sumário

"Meu canto de morte, Guerreiros, ouvi.
Sou filho da selva, Na selva cresci
Guerreiros, descendo da tribo tupi"

Gonçalves Dias

YEKANAÉ – CANÇÃO DE TODAS AS NAÇÕES

Na luta, o brio... A força que provêm dos kamaé

Guerreiros do além contra a ganância

A força em auxilio dos payé

Na luta se vê o paitená de toda fortaleza

E as pinturas dos guerreiros de meu povo

Vamos juntos lutar até a vitória

Cada povo tribal tem seu país.

No terreiro, as bandeiras de todas as nações

Os tambores tribais estão soando

Chamando pra guerra...

Yeguahá! Esse é o grito de guerra dos espíritos

Ayengá! Canto forte o grito de meu povo!

Somos fortes, destemidos, somos gloria!

Somos índios - herdeiros dessa pátria.

Não deixaremos nosso solo sagrado

Ser destruído.

Não deixaremos mãos de ganância

Ceifar nossos filhos.

Nossos rios, as florestas, - nossa força

Essa terra pertence aos nossos povos

Como as estrelas pertencem ao céu...

E assim iremos viver!

Tiareju, reviva, hoje estamos juntos!

Ajuricaba reviva em nossos corações!

Y.Y.

A ALMA INDÍGENA

Qual seu objetivo de vida? Sua ideologia? Uma meta que você possa seguir sem desistir, pois objetivos de vida não podem ser abandonados sem que você sofra consequências de deixar de ser o que é.

O mundo, as pessoas... Cada pessoa com um objetivo de vida é a sustentação do mundo. Quando lutamos por interesses particulares é uma coisa particular, mas quando lutamos pelo coletivo, procurando ajudar nossos irmãos é a alma que se desprende e passa a voar sobre rio e mares antes nunca navegados, e é isso que importa, é a força que move e faz acontecer. O sentido da vida num mundo cada vez mais escuro.

Os povos indígenas, os indígenas, cada alma, cada pessoa, cada nome, se caso se levantasse faria mudanças no rumo da historia. E todos sabem do que estou falando.

No mundo há duas formas de alma, a alma indígena e a outra... A alma indígena é a fonte da felicidade, a que rejuvenesce a vida e perpetua a existência da natureza. Ela é o bem maior da vida, pois se torna a guardiã das fontes naturais, na maneira de pensar, de olhar o mundo, na forma de viver. Seu tamanho é gigantesco, não é a toa que dá sustentação ao mundo, e se opõe veementemente a outra forma de alma, a que tem no seu sobrenome a ganância, a cobiça, a inveja, a destruição da vida por interesses mesquinhos... Essa alma parece, mas só parece, ser mais forte, porque joga sujo e tem o apoio incondicional das legiões malignas desse mundo e que fazem esse mundo se tornar escuro, no entanto, quem está com a alma indígena é mais forte, e são muitos os que estão de nosso lado. Ela é maior que as dificuldades impostas por interesses opostos. E digo mais, numa guerra, só quem vence é quem tem alma indígena.

Yaguarê Yamã

SOBRE O PENSAMENTO DO
MOVIMENTO DO INDIGENA
CONSCIENTE

Há de se considerar a situação dos povos indígenas no Brasil nos dias de hoje, vendo que temos de encarar a realidade e olhá-la com outros olhos. Olhos conscientes da mestiçagem, olhos conscientes do desenvolvimento, conscientes do aculturamento, da vergonha de ser e de não ser, nos conflitos internos e externos, e lembrar que se passaram mais de quinhentos anos desde que o primeiro europeu chegou a esta terra que os tupinambás chamavam de Pindorama, a terra das palmeiras e que hoje chamamos Brasil. Assim, observar que o mundo então mudou. Cinco séculos não são cinquenta anos muito menos cinco dias. A mão pesada dos colonizadores foi intensa, e cruéis foram as feridas deixadas por ela. Sangue, dor, estupros... Mágoa, pragas... Solidão. A violência causou danos irreparáveis. Lembrem de quantos povos foram exterminados, outros dizimados... Dessa feita vamos entender o que mudou e em que mudamos.

Se pensarmos assim, nos veremos mais sábios, menos puristas e claro, nos sentiremos mais humanos. Por que com isso há de se acabar com estereótipos. Os povos indígenas são diferentes SIM, e diferenciados. Não há só um índio, assim como não há uma só aparência, mas muitas aparências. O povo indígena no Brasil é mestiço, com varias origens. Há índios claros, outros escuros, outros morenos... Há índios com cabelos encaracolados, outros com cabelos lisos. Há até índio loiro! Mesmo assim não deixa de ser índio! O povo indígena no Brasil é plural e assim como é plural precisa mostrar sua pluralidade e ser aceito como é: LINDO!

Sem preconceito, sem estereótipos, sem receio. Nós todos somos indígenas: pataxó, mawé, maraguá, munduruku, borari, kokama, wapixana, mebengokrê, kaingang, macuxi, yepá-masã, dessana, taurepang, potiguara, guarani, mehinaku, kalapalo, ofayé, galibi, yawanawa, hupda, kawaywa, yanomami, torá... Tantos e quantos são os universos indígenas.

Agora pergunto: O que seria do mundo se as borboletas fossem de uma só cor? Se houvesse somente uma espécie de árvore? E se os seres humanos fossem todos iguais?

Um mundo cinza não interessa a Deus (Monãg), mas um mundo COLORIDO e alegre para louvá-lo. Aí está o sentido real da vida: Felicidade, harmonia e paz na diversidade junto a natureza criadora.

Não sejamos hipócritas, não sejamos racistas... Sejamos índios! Índios que se aceitam nas diferenças, nas dificuldades e nas belezas culturais diversas. Lembremos que existem povos no Norte, no Nordeste, no Sudeste, no Centro-oeste e no Sul do país, e não existe pureza ou selo de pureza para dizer quem é quem. A pureza está no coração de quem se sente. A pureza está no amor à causa dos que sofrem, no amor a terra, no amor a natureza e nos valores que nossos povos defendem.

Chega de estereótipos, chega de pensar que índios são somente os que moram no Parque Nacional do Xingu, criado pelos irmãos Vilas-Boas, em Mato Grosso, ou só é índio quem anda nu, que mora na floresta, sem falar português. Dessa feita, lembramos que é isso que é passado nos estereótipos para o público, e promovidos pela televisão, pela literatura e por quem defende um indianismo romântico que nunca existiu.

"O Brasil é dos índios!" Essa afirmativa é forte, eu sei, alguém pode até escandalizar-se diante de tal afirmativa. Dizer que não aceita ou que não se aceita... Dizer que não reconhece o "parente" por que é mestiço ou vem de um povo resistente... Mas é verdade. Só para ter uma ideia, a Amazônia é composta de 70 % de pardos (os mesmos pardos que significam vermelhos e que se traduz para o "tipo" racial indígena).

No Brasil há índios pardos, vermelhos, brancos, negros e amarelos... Aqui temos um mundo de elementos físico-culturais diversos. Somos indígenas, mas isso no todo quer dizer: Somos nativos! Somos da terra. Somos os "negros da terra" como diziam os colonizadores portugueses.

E digo mais: nós índios não somos "minoria" como muitos dizem. Na verdade, somos a maioria vivendo num Brasil real e cheio de contradições. Um Brasil que não se vê ou que no mínimo não compra um espelho para olhar seu reflexo, por isso se enche de complexos. Não olha para dentro de si, não busca interagir com sua alma, com o espírito. Não vê o sangue vermelho correndo nas veias porque gostaria de ter o sangue azul, o sangue da minoria.

Porém, só há um problema, a maioria de nossos parentes que um dia perderam sua cultura, sua língua, seu amor pátrio ou étnico não se considera índio, pois isso foi o que disseram para eles desde a colonização. Assim, os que no período da colonização foram chamados destribalizados, hoje são chamados tapuios, caboclos ou mamelucos. Recebem cada qual uma nomenclatura diferente (pois as mesmas formas de opressão e segregação conduzidas pelos colonos, foram também usadas pelos militares na época da ditadura, que tinham como lema – " integrar para não entregar" e assim deixar de se achar nativo e não se considerar indígena. Pois no lema não só cabia a ideia geográfica, mas principalmente a demográfica, num momento em que a maioria dos povos da Amazônia estava sem "contato".

Agora cabe a nós (essa é nossa responsabilidade) trazê-los para nosso lado, para a consciência, e diferente do que muitos fazem, temos que acolher os que se auto reconhecem com amor e pela causa. Isso é o que deveremos fazer! Assim provamos a todos que somos maioria e o indígena finalmente vai ter a força que precisa. Sabe como? Unindo povos tradicionais e "parentes" que retornam ao seio étnico, num caminho de volta à origem, pois não há coisa melhor do que o resgate, do que rever conceitos, do que voltar ao amor étnico, que aprender uma língua nativa, que esforçar-se em resgatar culturas perdidas e refazer a história dos povos indígenas, ou sua própria história, pois é o mesmo. Cada um de nós é uma ponta da teia da história indígena. Cada pessoa traz consigo parte dessa história e desse sangue, bem assim como parte de um complexo cultural rico em elementos tradicionais, elementos como a famosa e desprestigiada "crendice" – que são nada menos que ritos religiosos herdados dos antepassados. Assim somos nós e o que nos move é o espírito do pai primeiro, o doador da vida – a ancestralidade criadora do sangue indígena.

Agora uma palavrinha aos descendentes indígenas que querem valorizar sua ancestralidade:

Se você quiser somente incentivar o movimento e os povos indígenas em geral, você precisa identificar o nome do povo de seus antepassados e se auto declarar. Basta isso. Mas se você tiver interesse em tirar documentação, então precisa se apresentar às lideranças do povo ao qual acredita pertencer. Agora, se esse povo é "extinto", você precisa organizar um grupo com pessoas da mesma origem e criar um movimento, bem como se munir de provas que ele existiu e que vocês são remanescentes, para daí começar a se identificar como tal. Isso requer amor pátrio e disponibilidade, bem como persistência para lutar e ser reconhecido.

Mesmo com dificuldades impostas pelo governo, sendo sua luta, autêntica, o movimento indígena irá apoiá-los e lutar junto, pois entendemos que só assim livraremos nossas almas da opressão histórica que o governo branco tem nos imposto. A isso o estado chama de povos ressurgidos, mas nós chamamos de povos resistentes.

SOBRE OS ESTEREÓTIPOS QUE GERAM PRECONCEITO

Estereótipo é a maneira errada e controversa de se entender uma causa ou alguém. Não há nada mais significante do que entender o ser humano em sua mais pura essência. Não compreendê-lo é dar margem a estereótipos que só tendem a denegrir sua imagem, pois a imagem é o que melhor temos para nos mostrar, é a porta da frente, do bem-estar, da felicidade e o que faz nos inserirmos melhor na sociedade. Sabendo disso, nos cabe entender aos outros e consequentemente a nós mesmos. A não compreensão de si mesmo gera os piores dos estereótipos.

Nesse contexto podemos expor algumas palavras e ideias errôneas originadas desde o período colonial e que por muito tempo têm sido alimentadoras de estereótipos que geraram preconceito e ignorância em nossos povos. Por exemplo:

*O significado da palavra 'tribo' é divisão de um povo, mas desde a colonização é usada para se referir aos grupos nativos, como se fossem um único povo, falassem uma única língua, etc. Mas sabemos que não é bem isso. Essa palavra desprestigia nossos povos. Não devemos aceitar que em pleno século XXI usem tal palavra visando o preconceito e o racismo, tenhamos consciência de que nossos povos são nações e que nossas nações já existiam antes de haver Brasil. Portanto, sejamos conscientes de nossos valores nacionais. Cada etnia é uma nação.

Lembremos que conceito de nação na ciência geográfica é povo, etnia de origem única, com cultura única, idioma diferenciado e raiz diferenciada. Portanto, peço nossa valorização como somos e que valorizemos nossos antepassados que morreram para que hoje estivéssemos vivos e dar a continuação do reconhecimento de nossas pátrias (nossos territórios) e nossas nações.

*Como devemos nos referir a nós mesmos? São tantas as palavras e nome que os "não-índios" nos chamam. Qual seria o nome certo e o mais inclusivo? Ou se ao menos há uma forma menos preconceituosa...

Uma coisa é clara, todas as vezes que nos referimos a nós como índios estamos praticando o mesmo preconceito dos colonizadores influenciados pelo erro do navegante genovês Cristóvão Colombo quando por motivo de sua chegada às terras Americanas, achou que havia chegado às Índias. A afirmação de que Colombo achou que havia chegado às Índias é lida nos livros de história. Então o que nos resta, é não nos aceitar como tal. A América fica a centenas de milhas da Índia e nunca foi colonizada por indianos, a não ser pela colonização dos guzerás e tâmeis na Guiana em tempos modernos. Fora isso, nada temos com a rica e também variada cultura dos povos do subcontinente. A influência colonizadora não pode nos fadar eternamente a um erro grosseiro movido pela ignorância.

Assim, é bom entender que mesmo que a palavra "indígena" tenha sido originada da palavra "índio" ganha um novo aspecto menos preconceituoso quanto ao significado que quer dizer: nativo de uma determinada região. O mesmo que aborígene. Mas nativos também não podem ser os descendentes de colonos ou "não-indígenas" que nasceram em uma determinada região do Brasil? Sim, penso que são. Está aí um debate para uma nova reflexão. Mas o que quero enfatizar no meio de tanta nomenclatura, é que os indígenas são organizados em povos ou nações e isso significa etnicidade, dessa forma, cada grupo tem um nome próprio, um nome étnico. A palavra índio foi invenção do colonizador e por tanto é mais fácil eu aceitar a ideia do escritor Daniel Munduruku que nas palestras quando perguntado se ele é índio, ele responde: "Não sou índio, sou munduruku".

* Não aceito que chamem de "descobrimento" a invasão de nossas terras. Um novo caminho ao oriente era necessário para a expansão do comércio europeu naquele momento (uma rota marítima para as Índias) e esse foi o motivo da viagem de Cristóvão Colombo haver chegado por essas bandas, a partir da ilha La Espaniola (antigo território do povo Taino) e então aconteceu o que muitos já sabem. Só que o que para eles foi chamada de "descoberta", para nós e nossos antepassados, a palavra se traduz em invasão. Afinal o mundo inteiro percebe essa chegada como uma invasão, menos os próprios colonizadores que, por meio da estratégia documentada e amparada na ideia de que são os vencedores que escrevem a "verdadeira história", selaram os dois estereótipos "colombiais" como sendo verdade: o nome índio e a chegada que de invasão, passou a ser chamada de "descoberta".

* Filho de "índio" não é curumim como muitos dizem quando se referem aos indígenas com preconceito. A palavra *kurumi* é própria da língua tupi e é usada em dezenas de outras línguas da mesma origem, mas a palavra em si significa "menino". Portanto, independente da etnia ou do grupo racial, sendo indígena, negro ou branco, a palavra terá o mesmo significado na língua. Vale lembrar que para cada língua nativa há uma palavra apropriada para o português.

* Taba não é somente aldeia de índios. Quando se referem a nossos lugares como *taba* com certeza é porque não sabem que em meio às mais de cem línguas nativas existentes, existe uma pluralidade cultural muito grande. Cada língua tem uma palavra especifica para representar o aglomerado de pessoas, a aldeia, a vila e até a cidade. A palavra taba é de origem tupi e quer dizer aglomeração, que a princípio teria o tamanho de um vilarejo e que por pertencer a língua tupi, pode ser dada também a comunidades de brancos, de negros e até de indígenas, sem discriminação. De maneira nenhuma vale somente para indígenas.

*Casa de "índio" não é oca. Quem fala isso está redondamente errado. Oca é uma palavra da língua tupi que significa casa, a mesma casa que pode ter nomes variados, dependendo da língua. O povo maraguá, por exemplo: fala *kanaé*, os saterés dizem *netáp*, os mundurukus falam *uka* e assim por diante. Como vemos não há somente um nome para casa, mas vários. E também independe do povo ou etnia.

*Muitos chamam de *ocara* a praça central de qualquer povoado indígena. Bem sabemos que isso é falta de conhecimento. A palavra *okara*, assim como a

29

palavra *oka* pertencem a língua tupi que hoje em dia é uma língua "morta" falada só em meios intelectuais. Se bem que povos que perderam sua língua, principalmente os de origem tupi, já há algum tempo tem se esforçado para aprendê-la, o que não é difícil. Assim como para casa, há inúmeras palavras indígenas para o sentido de pátio, que como já dissemos, depende da língua onde se localiza.

*Nem todos os indígenas falam a língua tupi. Aliás, faz tanto tempo que os indígenas deixaram de falar a língua tupi. Hoje em dia, o tupi antigo é considerado uma língua morta, nenhum povo, nem os que se originaram do tronco étnico fala o tupi antigo. Os atuais povos de origem tupi falam línguas próprias, que são línguas pertencentes a família tupi-guarani, mas com modificações. As que mais se aproximam são as línguas dos kamaiurás, dos guaranis, dos tapirapés, dos avá-canoeiros e guajás. Há o nheengatu também chamado de Língua-geral da Amazônia que é de origem tupi, mas com forte influência portuguesa. O tupi antigo, ou seja, a língua mãe só é falada entre intelectuais, e hoje, por esforço de professores, está sendo estudada entre alguns povos que provavelmente a falavam, entre os quais, os tupinambás, os tupiniquins, potiguaras e tabajaras. Outras dezenas de povos falam línguas bem diferentes, e como no Brasil há mais de cento e trinta idiomas falados, todos eles pertencem a famílias e troncos linguísticos como Tupi, Aruak, Karib, Jê, Pano, Yanomami, Txapakura, entre outros.

 * Nem todo indígena usa "cabeça de cuia". Sim, pois como são tantas as origens e povos geograficamente distantes, é impossível haver uma uniformidade cultural. O corte de cabelo se modifica de povo para povo. Há povos como no Xingu, cujos homens usam corte de cabelo redondo. No norte do Amapá, os waiãpis usam cabelos longos, assim como muitos outros povos da Amazônia. Outros ainda, nem sequer têm corte de cabelo especifico. É elementar que julgar os indígenas pelo corte é preconceito.

 *Indígena não é somente quem vive na floresta, sem usar roupa e sem falar português. Indígena é filho de indígena. Penso que não somente filho, mas neto e bisneto. Por terem se passados cinco séculos desde a chegada dos colonizadores europeus é natural que as coisas mudassem. As culturas se modificam com o tempo e com as influências. Não podemos privar jamais alguém de viver a cultura que escolheu ou uma cultura de ser modificada. Se o chamado branco pode mudar e agregar valores tornando sua cultura mais rica, por que nós indígenas também não podemos? As influências das culturas negras e europeias foram sim essenciais para o desenvolvimento dessas culturas. Mas uma cultura mais tradicional não significa que alguém seja mais indígena que outro. Não viver na aldeia, nem falar a língua étnica não significa que alguém deixe de ser indígena. Hoje em dia, trinta por cento dos indígenas reconhecidos pela FUNAI vivem em cidades como São Paulo, Manaus, Belém, Boa Vista e Cuiabá. Agora, pensem na quantidade dos chamados "caboclos", "mamelucos" ou pardos que vivem espalhados nos quatro cantos do Brasil, que mesmo não se reconhecendo como indígenas, descendem das dezenas de nações "extintas" e dizimadas pela colonização. Lembremos que ser indígena não é uma profissão, nem um jeito de ser, mas um grupo racial, assim como são os brancos, os negros e os amarelos. Há de se levar em conta a miscigenação ocorrida durante esses cinco séculos. A miscigenação aconteceu e não houve como impedi-la. Tanto nos estupros em tempos coloniais quanto nos 'descimentos' dos aldeados podemos ver a força inicial dessa miscigenação. Mas é sempre bom lembrar: toda a força e a violência desencadeadas pelos "invasores" não privaram nossos parentes de se auto reconhecerem e lutarem pelos direitos de seus ancestrais. Bendita é a conscientização do autoconhecimento étnico.

*Quem disse que índio é preguiçoso? O estereótipo criado por anti-indígenas desde os tempos coloniais e usado principalmente na época da ditadura militar afetou profundamente a imagem dos nossos povos diante da sociedade. Nossos próprios "parentes" deixavam de se reconhecerem como tal por não quererem ser julgados dessa forma. O conceito preconceituoso criado adentrou nas entranhas da sociedade brasileira e fixou-se nas escolas, nos meios urbanos e entre nós mesmos. Assim, tantos foram os casos e histórias contadas que o próprio indígena passou a se aceitar desta forma. O modo de vida do indígena e sua percepção filosófica não se ajustava ao sistema de trabalho idealizado pelos portugueses. E nunca se ajustou. Mesmo com o trabalho forçado em dois séculos na Amazônia, onde o índio não foi substituído pelo negro como escravo, como aconteceu em outras regiões do Brasil, a percepção diferencial diminuiu drasticamente, mesmo assim em parte. Lógico que aí os descendentes de indígenas que sofreram o "descimento" não foram mais chamados de "indígenas, e passaram a ganhar uma nova denominação: "*tapuios*". Assim, consequentemente, receberam outras denominações, mas nunca se tornaram brancos ou senhores, pois esse nunca foi o propósito dos luso-brasileiros, a estratégia do "embranquecimento" servia só para retirar do indígena o senso étnico e de sua cultura, mas terminou como "caboclo", (do tupi: *ka'abok* – o índio que saiu da mata e perdeu a cultura) e nada mais.

"Se os brancos e suas teorias falam, o que podemos fazer? O jeito é aceitar."

Essa foi a resposta de um morador do Paraná do Urariá, no Baixo-Amazonas. Mas isso é mentira. Sabemos que é mentira. A estratégia criada pelos idealizadores da afirmativa "branco superior" e do projeto "integrar para não entregar" foram bem-sucedidos. O efeito final se mostra no preconceito do auto reconhecimento, na grande dificuldade que o

34

descendente de indígena tem em se assumir como tal. Não é à toa que hoje em dia há tantos indígenas que não se reconhecem, e se julgam 'brancos'. A palavra "caboclo" ou "caboco" surgiu com a mesma intenção. A miscigenação forçada, o "descimento" e a integração serviram para enfraquecer a ideia de povos diferenciados e hoje muitos são os caboclos que detestam indígenas e recusam-se a aceitar sua origem. Mas é justamente por conta dos estereótipos criados para servir ao interesse da dominação. Dentre os tantos, o pior: o de que o indígena é preguiçoso.

O que tem de ribeirinhos preconceituosos e racistas consigo mesmo não é brincadeira. No meio da própria sociedade interiorana é comum o usar o termo "índio" como sinônimo de gente boba, fedorenta, feia, idiota, ignorante, preguiçosa, brava... Se alguém chama outra pessoa de "índio" é ofensa quase imperdoável. Nesses termos ninguém quer ser índio, nem nós indígenas, pois todos sabemos o que somos e temos orgulho do que somos, as mentiras criadas para denegrir nossa imagem são fortes e muitas vezes quase que reinam absolutas nesses lugares. O que é calunioso se sustenta hereditariamente passando de pai para filho até que um dia alguém prove o contrário, e mesmo com todas as adversidades causadas contra nossas sociedades, nos valorizamos cada vez mais e ganhamos espaço, pois temos etnia, pertencemos a uma nação e isso nos faz diferenciados. Somos diferentes porque conhecemos nossa origem e valorizamos nossa ancestralidade. Temos identidade e quem tem identidade sabe o que quer, sabe o que fazer e não corre o risco de se perder no mundo, sem sentido de vida. Aí está a grande diferença entre nós e eles. Quem é da mistura de raças infelizmente padece essa crise de identidade. Um grande viva para os que já se encontraram, já acharam sua origem, pois a volta à origem é o maior estimulo para nossa vida, o problema persiste com os que ainda não olharam para dentro, não se viram no espelho e tem medo de se encontrem com o seu "eu".

SOBRE OS NOSSOS NOMES TRADICIONAIS

O uso da língua tradicional (idiomas) e dos nomes tradicionais (étnicos) é a maior contribuição que podemos dar para a valorização dos povos indígenas hoje. Somos todos indígenas, portanto, somos parentes e temos de valorizar nossas culturas manifestando nossos nomes, não só nas redes sociais, o que vemos com frequência, em sua maioria surgidas de iniciativas abstratas que dão a entender que é "só ali e com aquela finalidade", mas, sobretudo nos aspectos civis e oficiais, nos cartórios em registros e identidades. Se fizermos isso, estaremos demonstrando etnicidade e valorizando o que é nosso, dentro do contexto cultural, social e até político, pois com isso, formamos a ideia do amor pátrio no tocante indígena de um movimento universal nativista visando essa valorização que começa com a cultura. Se nossos povos precisam de cuidado e de valorização, a nominação é um item essencial para nos sentirmos inseridos dentro deles e assim não deixarmos morrer o sentimento étnico diferenciado que todo povo precisa.

Os nomes europeus impostos a nós a partir da concepção cultural e religiosa do colonizador, que proibia os nomes nativos considerando-os feios, atrasados e selvagens de maneira que somente os que fossem batizados e obtivessem um nome português é que deixavam de ser "bicho" e ganhavam uma "alma" para assim ser salvos em Jesus Cristo. Isso foi decisivo para que a maioria de nossos povos perdesse sua própria nominação e, em seu lugar, usasse nomes e sobrenomes a gosto do colonizador, por isso hoje a maioria dos indígenas tem em seu registro civil, sobrenomes como Silva, Matos, Freitas, Costa, Oliveira, Souza, Fernandes ou Reis ao invés dos nomes clânicos (as tribos ou divisões de cada povo equivalem às famílias). E em lugar de Awaeté, Poty, Ajurikaba, Kretã e tantos outros, usem nomes como João, José, Pedro, Paulo, Marcos... Assim, penso que tal inversão cultural dos tempos passados seja um motivo a mais de valorizar nossos nomes étnicos e torná-los oficiais.

Hoje, revendo a história e as tantas privações sofridas por nossos antepassados podemos chegar a um consenso, o de que somente com a cultura é que poderemos manter-nos vivos como povos diferenciados.

O resgate de nossos nomes é o resgate e a preservação de nossas raízes. Tanto quanto aos nomes quanto aos sobrenomes. Cada povo precisa organizar ou reorganizar seus nomes familiares, identificando os nomes tradicionais que precisam ser atrelados aos nomes clânicos ou simplesmente inventados, pois hoje em dia podemos SIM! Já temos o direito de tirar os nomes e os sobrenomes de nossos recém-nascidos nos cartórios de todo país, basta termos em mãos o RANI e o papel de nascido-vivo entregue pelo hospital ou pelo AIS (Agente indígena de Saúde) atendente. O nome indígena e o sobrenome clânico que constar no RANI ou no papel de nascido-vivo serão o nome e o sobrenome conforme pedirmos. É assim que tenho feito, ao tirar a

39

certidão de nascimento de meus filhos no cartório. Todos levam o sobrenome Aripunãguá, meu nome clânico, que transformei em sobrenome e dou-lhes também os primeiros nomes na língua materna.

Também nós, os adultos ou todos os que já possuem certidão de nascimento e que não tiveram essa oportunidade de ter nome e sobrenomes indígenas na certidão, hoje podem RETIFICAR seus nomes a partir do RANI (o nome indígena que estiver escrito no RANI) se não constar esse nome indígena, peça uma segunda via, dessa vez com nome étnico e sobrenome. Basta ir ao seu CTL mais próximo e explicar o motivo, pois o cartório exigirá e a nova lei só será válida mediante o RANI ou petição de um advogado ou, ainda, do chefe da CTL que comprove que a pessoa é indígena e que tem o direito à nova nominação. Por isso a importância do RANI; é necessário sim termos nossa certidão de nascimento expedida pela FUNAI pois é ela que nos dará o direito de tirarmos nossa certidão de nascimento no cartório.

Eu nasci como Ozias Glória de Oliveira (nomes brancos e impostos a mim pelo sistema racista e eurocêntrico do colonizador, incutido na falta de conhecimento de meu pai, mas posso entende-lo quando comparo os anos setenta à década atual – período militar, perseguição aos indígenas, ser "índio" era coisa do passado...), mas desde a adolescência sentia em mim a importância de valorizar a cultura indígena. Quando estudante fazia questão do uso do nome tradicional. Não sabia como e quando conseguiria torná-lo oficial, mas esse era meu sonho. Penso que isso estava na mesma proporção do sonho de ajudar os povos indígenas e lutar por eles quando me tornasse adulto. Confesso que lutei muito para isso. E hoje tenho esses dois sonhos realizados e uma história de persistência de valores étnicos a contar para a posteridade.

Quando saiu a lei de RETIFICAÇÃO para nomes indígenas, fui procurar meus direitos e, hoje, meus nomes, tanto o primeiro (Yaguarê Yamã) quanto o sobrenome (Aripunãguá) são oficiais na certidão e no RG. No cartório, que, no meu caso, é de Manaus, disseram-me que a ratificação de meu nome indígena tinha sido a primeira no Brasil, ou seja, fui o primeiro indígena a usar o direito da lei de retificação. Hoje torço para que todos que tenham ouvido desse novo direito

41

tenham feito uso dele e procurado valorizar sua natividade.

Não tenhamos vergonha de sermos indígenas, não tenhamos vergonha de sermos nós mesmos! Cada dia que passa estou convencido de que estamos mais livres das correntes da opressão eurocêntrica e mais conscientes quanto a nossas etnias e a beleza que representa a etnicidade indígena. Mas isso tem que ser convertido em amor à causa. Penso que precisamos ter mais amor a essa causa mesmo! A certeza de que se lutarmos e protegermos nossa etnicidade estaremos valorizando nossas raízes, nossas nações... E honrando nossos ancestrais que desde a colonização, ao lutarem por nós, morreram para que um dia estivéssemos vivos. Assim, vamos valorizar a cultura de uma maneira geral e também vamos lutar em prol da preservação de nossos nomes tradicionais.

Agora, se essa consciência está sendo alcançada, e se na maioria de nós a cultura da nominação se extinguiu, o que estamos fazendo para reativá-la?

O tempo em que proibiram nossos nomes já passou. A modernidade chegou e com ela a liberdade da consciência étnica. Mesmo com tantos ataques por parte da imposição branca, nossas culturas não foram destruídas no todo. Temos muita coisa para preservar e outras para resgatar, entre eles, nossos nomes.

E hoje, mesmo ciente dos mais de quinhentos anos de forte opressão cultural vividos pelos indígenas, que agora se servem da globalização, e na forte influência externa trazendo a ditadura cultural dos novos colonizadores, ou seja, a cultura estadunidense, digo: Nomes de indígenas nas línguas indígenas são tão bonitos! Pena que muitos "parentes" só os usam de "brincadeirinha" e não ousam colocá-los em seus filhos como nome civil. É certo que a cultura branca portuguesa nos tirou muito do orgulho cultural indígena, e por isso, muitos colocam nomes indígenas de seus filhos somente como 'indígena', ou seja, no Rani expedido pela FUNAI, enquanto colocam nomes alienígenas em seus filhos, no registro civil, mas lembrem! Nomes indígenas ficam muito mais lindos quando registrados mesmo!

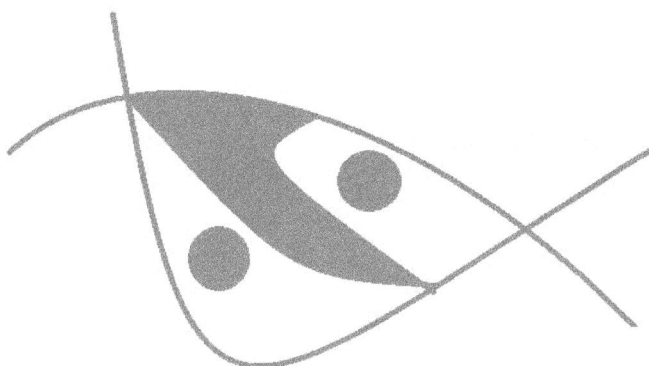

SOBRE OS TOPÔNIMOS, OBJETOS E NOMES GEOGRÁFICOS

É de se orgulhar saber que sessenta por cento dos topônimos brasileiros são de origem indígena. Isso mostra que mesmo com toda ação anti-indígena desde o tempo de colonização até os dias de hoje, o elemento indígena resistiu e se manteve em nomes de lugares os mais variados, de norte a sul do Brasil. Nomes de origem tupi e guarani são mais comuns. Na Amazônia, palavras da língua nheengatu estão em todos os lugares, mas há um porém, se os elementos linguísticos resistiram a todo tipo de opressão, hoje, infelizmente mesmo com o fim da ditadura e da mordaça cultural e linguística, já na era da liberdade de expressão, o que era para acontecer (a valorização da língua e dos nomes de lugares nas línguas indígenas) não aconteceu, o que houve foi o contrário. As próprias aldeias indígenas têm recebido nomes portugueses e as línguas nativas cada vez são menos faladas. Hoje tem sido mais fácil encontrar nomes indígenas em cidades e lugares habitados por ribeirinhos do que em territórios indígenas. Na Amazônia, principalmente, os indígenas têm valorizado mais o português do que sua própria língua e com isso temos nomes de lugares, rios, regiões e aldeias com nomes de 'branco'. Em aldeias, nomes de santos católicos são os mais comuns, além disso, palavras como terra preta, laranjal, ponta alegre e remanso estão no topo da lista. Nos rios, permanecem os nomes dados pelo colonizador, sem levar em conta os nomes originais, dados pelos antigos habitantes, assim como nos nomes de lugares mantêm-se os nomes de grandes rios como o Amazonas, Madeira e

Rio Negro, mas aí tudo bem, são rios habitados não só por povos indígenas, mas também não-indígenas. O que preocupa são os nomes dos rios em lugares tradicionalmente indígenas que nem sequer ganham nomes nativos e se os têm, poucos se lembram de chamá-los assim. O que quero dizer é que precisamos fazer algo para valorizar nossas línguas porque de aculturados, nos tornemos aculturadores, ou seja, agentes influenciadores culturais e sociais em meio à sociedade brasileira.

O que não vejo é uma revolução cultural, uma "contraofensiva cultural" projetada pelos povos indígenas, no mínimo um projeto local que valorize as línguas do ponto de vista geopolítico, onde a influência "tribal" (nação indígena) torna-se necessária para reconquistar o espaço cultural e social perdido para a cultura e a língua invasora! Lembrando que só assim nós indígenas, ao invés de sermos objetos estranhos para a maioria, seremos a cultura natural, o que elevaria nosso respeito e orgulho, tornando até quem não pertence ao meio, parte cultural e social, ou seja a influência toma conta da sociedade. A teoria da influência na geopolítica é sinônimo de poder.

Com exceção dos povos do Xingu, entre os guaranis e alguns outros poucos, as sociedades indígenas brasileiras mantêm-se dominadas pela cultura da língua imposta. Um exemplo claro é o nome próprio e o sobrenome familiar. Enquanto os 'brancos valorizam seus nomes, os indígenas mantem-se atrelados a uma proibição da época da colonização, que já perdeu a validade. Os nomes e sobrenomes impostos nada têm a ver com as culturas dos povos nativos. É bom saber que hoje somos livres para escolhermos os nomes nativos que quisermos e principalmente valorizar as divisões clânicas e familiares de nossas sociedades, oficializando nossos nomes e sobrenomes, anulando com isso os sobrenomes portugueses que nos foram impostos. Você não acha bom? Hoje temos essa escolha: permanecer com os nomes e sobrenomes impostos pelos brancos ou mudar os nomes e sobrenomes, o que hoje é amparado em lei, valorizando com isso nossas culturas e nossos idiomas. Prefiro ficar com a segunda opção, pois é chegada a hora de pararmos de ser povos oprimidos para nos tornarmos povos livres, de livres pensamentos e cultura viva. Pesquise mais sobre isso. Vá ao CTL (posto da FUNAI) de seu município e informe-se. O movimento indígena consciente está de braços abertos para quem decide se juntar ao compromisso de valorizar nossos povos, não só no campo político, mas principalmente na temática cultural e social.

Os nomes dos objetos precisam ser falados. O uso das coisas tradicionais, principalmente as que têm a ver com a identificação étnica precisa ser mantido. Lembrar dos utensílios que usávamos e hoje não mais usamos. Dar nomes para a vasta culinária (bebidas, comidas, pratos...) ou mantê-los. Praticar esportes tradicionais e propagá-los usando os mesmos nomes nas línguas.

Assim, podemos também pensar sobre os topônimos. Os nomes dos lugares, dos rios, dos lagos, das aldeias e cachoeiras. Manter o nome ou resgatar os nomes originais é valorizar o que é nosso. E isso serve não somente para a antiga língua tupi ou para o guarani e nheengatu, mas para todas as línguas das mais variadas famílias linguísticas. Onde quer que haja uma língua nativa, ela deve ser predominante não só na fala, mas nos topônimos. Se uma aldeia ou um rio perdeu seu nome original, resgate-o e não somente o use, mas oficialize-o para que se concretize o resgate cultural e demonstre o despertar do movimento indígena cultural que precisa acontecer em todos os lugares.

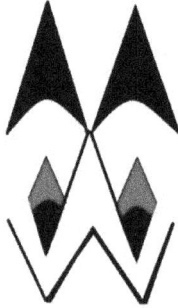

SOBRE O ORGULHO ÉTNICO E O COTIDIANO

Aqui falo sobre algo muito presente no cotidiano e que precisa ser repensado, sobretudo no que diz respeito a nós, em nosso proceder como filhos que somos de uma etnia e de certa cultura. Um conselho passo aos parentes, por que tem de ser revisto o que é visto por outro lado, o lado de quem não é indígena, que muitas vezes não compreende como alguns indígenas principalmente os urbanos se vestem a caráter num certo momento (quando buscam defender sua etnicidade em eventos sociais) e no outro (no cotidiano),

50

longe dos focos e holofotes, em plena rua, no trabalho ou em casa em nada parecem indígenas. Mas o que sucede? Como afirmar que alguém está sendo mau caráter ou fingindo para a sociedade? No caso, se por acaso prega uma coisa e vive outra. Se o assunto for a questão indígena, fica difícil julgá-lo pois penso que a maioria dos indígenas urbanos vivenciam esse problema, principalmente os que pertencem a grupos chamados "índios ressurgidos". Não é minha intenção apontar o dedo e julgar alguém. Mas esse é um assunto muito discutido entre os "não índios", por isso acho importante dizer aqui: se você prega uma coisa e vive outra, você está sendo falso. O movimento indígena precisa de grupos que vivam a cultura ou pelo menos se ajustem no resgate cultural. Afinal, que valor temos se atuamos na política, mas não somos o que pregamos?

Valor teremos mais se nos disponibilizarmos a vivenciar as tantas e lindas culturas de nossos povos. O que não podemos fazer é não nos tornarmos aculturados enquanto pregamos que nossas culturas são lindas e ricas, por isso mesmo precisam serem valorizadas. Mas quem vai valorizá-las, se nós mesmos as empurramos quase sempre para os que vivem nas aldeias, como se eles devessem vivê-las e nós não? A responsabilidade é de todos. Transferi-la é um erro que não podemos cometer. Então cabe a nós pensar nessa vivência, sem demagogia, mas com consistência em nosso proceder.

Nesse contexto lembro que muitos (a maioria) dos meus amigos de Facebook são indígenas ou pelo menos se dizem. Mas infelizmente vejo uma triste verdade. A maioria deles não é indígena 24 horas por dia. Usam adornos, colares, cocares, alguma coisa que os identifiquem como indígenas apenas para postar no Facebook ou mostrar somente em eventos em que ganhem algo por isso.

Só quero deixar claro que a beleza indígena existe e ela tem que ser cotidiana. Certo dia vi o orgulho indígena estampado no rosto de uma família xakriabá e me lembrei que, em todas as fotos que tiram, fazem questão de mostrar o orgulho de serem o que são. Isso me motivou a escrever essa reflexão e a pedir que não sejamos índios pela metade, mas sempre.

Afinal, não somos o que somos? Sim, somos. Não precisamos provar nada. Não mesmo! Mas quem vive procurando provar que é "índio" quase sempre cai em contradição entre o que prega e o que vivencia. Portanto, a melhor maneira de ser o que se diz, é vivenciando. Falando naturalmente a língua dia a dia. Usando naturalmente o colar, pois o colar não é adorno que deva ser usado somente em festejos, mas é identificação étnica, que contém significado social. Bem assim como pulseira e tornozeleiras que diferentes do cocar e de outros elementos que são, sobretudo, festivos, quase sempre têm base cotidiana e são tão comumente usados quanto as roupas.

Há também a problemática da aculturação. O indígena que vem da cidade muitas vezes se distancia da cultura e passa a viver um novo ritmo de vida e hábitos que vão lhe tirar o amor étnico. A televisão, por ser dominada pela cultura consumista do "não índio" irá bombardear o lar da família indígena vinte e quatro horas por dia. O desapego aos valores originais nos mais jovens será inevitável. Os pais ainda tentarão manter a língua, falando-a com os filhos, mas esse fato se tornará mais esporádico a cada dia e com o passar do tempo o que era natural se tornará exótico. A cultura televisiva e das ruas já terá dominado toda a família em menos de seis meses. Agora, quem vai dizer a um jovem ou à uma jovem que passaram a adornar-se no modismo das ruas, que ao invés de cordões de aço cirúrgico, volte a usar, por exemplo, colares de dentes e sementes?

Não digo que o indígena deva permanecer vivendo cem por cento (100%) a cultura original. Não é isso. A- final, não estamos mais em 1.500, e nem pensamos que "índio" somente é quem vive na floresta andando nu e sem falar português, como alguns "não índios" pensam e costumam valorizar mais os que se mantêm nessa cultura típica do parque do Xingu. De maneira nenhuma. Para se inserir nas culturas indígenas ninguém precisa voltar no tempo. Mas é o que afirmo quase sempre em palestras: aliando a cultura original ao que há de melhor na cultura do "não índio" é que teremos uma sociedade melhor, onde não nos tornaremos excluídos, mas ganharemos mais complexidade cultural para nos valorizarmos. Todas as sociedades complexas no mundo se tornaram desenvolvidas porque pegaram o que há de melhor nas outras culturas. Mas vejam bem! O que há de melhor, não é o que há de pior. Os vícios, o mau-caratismo, o consumismo, a corrupção, os modismos e o individualismo não são o que os brancos têm de melhor. Ao invés de individualista, que tal permanecer coletivista? Ao invés de consumista, que tal permanecer socialista? Nossas sociedades são ditas perfeitas porque não há opressão, não há mandatários. Não temos governantes que governem sem o povo. Nossos povos têm um sistema original que funciona muito bem, que não se administra sem o coletivo, sem a participação de todos. E isso tem que permanecer em nós, pois é um dos elementos culturais de nossos povos. Não sei se é certo falar que é uma sociedade comunista ou anarquista devido às tantas dificuldades em implementar esses sistemas de maneira real, assim como foram idealizados, mas é certo dizer que é coletivista.

Um indígena pode usar sim, um relógio, óculos, um telefone ou um celular sem que com isso precise ser taxado de "homem branco". Pode deixar de falar a língua mãe, e nem por isso deixará de ser "indígena". Como já dissemos: não é a pratica da cultura que vai nos fazer menos ou mais indígenas nem é ela que diferencia indígenas dos "não índios". Mas a cultura é a valorização da "raça". Por isso digo: aculturados, não;

mas integrados e com uma cultura diferenciada sim e é assim que deveremos ser. Dessa feita, aliamos o que de melhor temos na nossa cultura original ao que há de melhor na cultura do "não índio" e assim formamos uma sociedade desenvolvida.

Pensem no que podemos inserir em nossa cultura sem que tirem de nós o que temos de melhor: a nossa identidade cultural. Também pensem no que podemos manter de nossa cultura, sem que com isso, sejamos vistos como "bons selvagens" segundo Levy Strauss ou como "antropófagos", segundo Hans Staden. Não somos coitados, nem vilões, mas povos diferentes com culturas lindas que precisam ser preservadas ou resgatadas.

As mais de dez famílias étnico-linguistas e os mais de duzentos povos indígenas no Brasil são de uma beleza incomparável. A diversidade cultural desses povos é nosso maior orgulho. Como brasileiros nativos ou como "não índios" precisamos valorizar essa diversidade e ajudar a preservá-la. Mas penso que não devemos preservá-las somente nas aldeias, a sós, como se estivéssemos nos escondendo, mas no meio urbano também, no cotidiano, nas ruas, nos eventos oficiais, nas faculdades. Num evento comunitário de bairro ou em cerimônias de posse no Senado. A influência cultural também tem de ser da aldeia para a cidade. Não devemos somente aceitar sermos influenciados, mas temos que ser também elementos influenciadores na sociedade dominante, só assim o que para os "não índios" é algo exótico, passará a ser comum e natural e com isso, seremos inseridos de fato na sociedade, com peso político e cultural.

Volto a dizer: Não pelo dinheiro nos eventos ou só para ganhar 'curtidas' no Facebook ou Twiter, devemos mostrar nossa identidade, mas para mostrar que somos índios orgulhosos de serem o que são.

Parabéns aos que usam os nomes étnicos, aos que usam o idioma, aos que usam colares e adornos étnicos para se identificarem como são. Com certeza Monãg se sentirá orgulhoso também em ver que tem filhos que amam serem indígenas e que têm orgulho de mostrar a indianidade que infelizmente muitos têm vergonha de mostrar, que infelizmente muitos têm vergonha de viver.

O cotidiano está aí, e para que não sejamos 'pegos' na inconsistência da vida, então que sejamos indígenas sempre, não só no Facebook, mas na vida real.

SOBRE A POLITICA ANTI-INDÍGENA

Os governantes do Brasil e a oligarquia ruralista no poder estão redondamente enganados. Os indígenas nesse país não só resistem a suas investidas malignas, como sua população aumenta. Toda vez que o IBGE divulga uma pesquisa, nossos povos crescem em número, não só nas aldeias como nas cidades, ganhando espaço em movimentos sociais e reivindicações públicas. Além do mais, nossos parentes (pardos e caboclos) estão cada dia mais conscientes de sua origem indígena; dessa feita, quem tem sangue índio também está se declarando indígena.

A resistência indígena e a recusa em se extinguir dá dor de cabeça aos poderosos grupos ruralistas do Brasil. Na mídia televisiva os anti-indígenas fazem de propósito: quando se fala em grupos raciais, esquecem-se dos indígenas. Aparece então um negro, um amarelo e seis brancos. O indígena não tem vez. Os brancos aparecem diferenciando-se os cabelos (loiro, ruivo e preto) o negro quando aparece é só um, se repetir outro, já trazem diferenciando do negro, aí eles colocam alguém para representar um mulato (raça inexistente) para dar a ideia de que negro é pouco, amarelo é pouquíssimo e indígena inexiste.

Quase toda política atual, sendo regional ou nacional de cunho euro-centrista tem formato anti-indígena e busca minar os esforços do movimento dos povos originários. O Congresso brasileiro aliado às forças ruralistas tem buscado acabar com os direitos indígenas da terra e de seu usufruto, em uma controversa PEC 215. Mesmo sabendo que essa emenda não pode ocorrer, pois acabaria por completo com todos os nossos direitos conquistados, o poder executivo, na atual conjuntura parece tender para esse lado, o que nos deixa apreensivos

E quanto a chamada teoria do "Marco Zero"? A ideia projetada pelos ruralistas, que ganhou força em 2018, de que só seriam válidas as demarcações sobre territórios nunca tomados dos indígenas ou seja, terras de onde indígenas nunca foram expulsos .

Lembremos que o esforço de extinguir os povos indígenas do Brasil vem desde mil e quinhentos (1.500), e mesmo com mais de quinhentos anos agredindo os povos indígenas, os chamados governantes brancos não cessam de atentar contra nossos povos. A luta é constante, a todo instante nos vemos agredidos. No período colonial, muitos foram os povos exterminados, massacrados, escravizados e forçadamente aculturados nos chamados "descimentos". Quem de nós já ouviu falar nas famigeradas "guerras justas" contra os indígenas? Foram mais de oitocentos povos, línguas e culturas exterminadas por ela. Quantas crianças morreram com as perseguições? Quantos filhos se tornaram órfãos? Quantas mães viram com amargura seus filhos serem mortos, esquartejados, levados para nunca mais serem encontrados? Quantas mulheres, crianças ou jovens foram estupradas por soldados e pelos colonos brancos? Se for fazer uma avaliação geral e minuciosa das tantas desgraças trazidas pelo branco colonizador aos indígenas, não só nesse país como em todo o continente americano, sentiríamos asco, horror não ao branco em si, mas aos colonizadores europeus e seus governantes. Penso que não houve colonizador melhor ou pior, todos eles foram ruins para com os nativos americanos. Tão cruéis quanto os portugueses foram os espanhóis na colônia da "Nova Espanha" e os ingleses e franceses na América Anglo-saxônica.

O colonizador carregava a cruz (crucifixo) com uma mão e com outra, carregava espadas para trucidar tudo e todos que se opunham à sua vontade. Para quem se dizia cristão, e tinha Cristo como mestre, a evangelização era apenas pretexto para exterminar civilizações inteiras e surrupiar as riquezas da terra, levadas para a Europa, amontoadas em seus novos aposentos e aposentos de seus descendentes nascidos na América, os chamados *cholos* – Descendentes dos brancos conquistadores na América Espanhola. Não é de se estranhar que eles posteriormente tenham se tornado a elite dominante e, assim como seus pais, continuaram a governar as terras usurpadas das mãos dos indígenas, manipulando e subjugando militar e economicamente os povos ameríndios. Não havendo revolução, permaneceram no poder, sentados nos mesmos tronos construídos para a opressão do povo por Cortez, Pizarro e Valdivia.

Dessa feita, como exemplo claro, mantêm-se desde a época colonial até hoje os governos ditatoriais e segregacionistas dos brancos, com fachadas de democracia em países onde a maioria é indígena (autodeclarada ou não) como na Guatemala, no Paraguai, no Peru, no México e Equador. Dos países de maioria indígena, apenas a Bolívia, através da revolução (dos Cocaleros), removeu o passado colonizador branco do poder, e hoje, seu presidente e a maioria dos governantes regionais são indígenas quéchua ou aymará. A minoria segregacionista branca, é claro, não aceita o fim de sua colônia e procura criar obstáculos que impeçam o governo indígena de funcionar direito. Não é a toa que atuam até para desmembrar Santa Cruz, o estado mais rico da Bolívia, do resto do país. Hoje podemos dizer que a Bolívia é um estado independente, pois a colonização europeia resistiu até ser removida do poder em 2006.

Na Amazônia brasileira, após a colonização onde dezenas de povos foram exterminados, houve uma revolução chamada Cabanagem. Não se tem falado muito a respeito dessa guerra nas salas de aula (tudo foi abafado), mas sabe-se que foi um período onde as nações indígenas e descendentes de escravos africanos conquistaram o poder e fundaram um país próprio com nome de Grão-Pará, o mesmo nome da província que agregava os estados atuais de Roraima, Amapá, Amazonas e Pará. Sabe-se também que a revolução foi traída e que no final as tropas luso-brasileiras marcharam contra os revolucionários indígenas, e os cabanos (nome dado aos revolucionários) foram expulsos da capital Belém e perseguidos em todos os cantos da Amazônia. A língua mais comum nesse período, que era o Nheengatu, foi proibida e metade da população masculina da Amazônia foi morta.

O tempo passou e as comunidades indígenas que sobreviveram continuavam perseguidas. A proposta era integrá-las à vida nacional, considerando somente o olhar do colonizador, num contexto etnocêntrico. Apesar das boas intenções de figuras como o Marechal Rondon, a decisão de integração era unilateral. A vontade era somente a do colonizador. Ninguém perguntou aos indígenas se era esse seu desejo. Era uma política de estado e estava baseada na ideia de que o modo originário de vida não era bom.

Essa proposta de integração forçada também se configura numa violência contra a humanidade e os que não aceitavam se "integrar" à vida "civilizada" tiveram de se manter em reservas – lugares previamente demarcados para sua "proteção". Assim, aqueles que eram os legítimos donos da terra passaram a viver de favor, confinados e dependentes do governo colonizador em praticamente tudo.

Não bastasse serem tutelados, os indígenas acabaram na linha de fogo de uma batalha contra aqueles que haviam se apropriado de suas terras: fazendeiros, grileiros, latifundiários... Não foram poucos os conflitos que se seguiram quando o Brasil decidiu ampliar suas fronteiras agrícolas. As comunidades estabelecidas em áreas férteis logo começaram a ser atacadas, tanto pelos neo-colonos quanto pelo próprio governo.

Vale lembrar que num passado recente, a ditadura militar criou verdadeiros campos de concentração para exterminar nossa gente. O que era diferente culturalmente era perseguido. Nessa mesma ditadura, cujo tema para a Amazônia era "integrar para não entregar" foram exterminadas mais de duas dúzias de povos. A ordem do dia era matar os indígenas que estavam atrapalhando o "progresso" do Brasil. Esse progresso vinha com as aberturas de estradas, escavações de garimpos e criações de novas cidades com ajuda de retirantes e colonos nordestinos. Com essa feita surgiu a figura do "soldado da borracha", do seringueiro, do castanheiro, do posseiro, do grileiro entre outros. Todos com o apoio do governo militar. Todos contra o "índio".

Quem ainda não ouviu falar do massacre do Paralelo 11 ocorrido em 1960? Esse é o nome com que ficou conhecido um dos mais horrendos episódios de que se tem notícias até hoje no Brasil, onde morreram 3.500 indígenas da etnia Cinta-Larga envenenados por arsênico. "Esse assassinato em massa (...) foi cometido por pistoleiros a mando de empresários sem escrúpulos com a cobertura de funcionários do então Serviço de

Proteção do Índio (SPI) " como lembra o indigenista Ulisses Capozzoli (*Fonte: Estadão do Norte – Porto Velho-Ro.*)

Segundo Capazzoli, fazendeiros com ajuda de funcionários do SPI presentearam os indígenas com alimentos misturados a arsênico. "Em algumas aldeias, aviões atiraram brinquedos contaminados com vírus de gripe, sarampo e varíola".

E quanto ao genocídio dos Waimiri-Atroari? Alguém lembra? Os indígenas se opunham ao processo de invasão de seu território, no Amazonas, imposto pelos militares. Em 1975 o governo militar invadiu com a rodovia BR-174, Manaus-Boa Vista, o território Waimiri-Atroari. O massacre ocorreu em etapas. Ao menos dois mil indígenas foram mortos em nome do progresso, nas palavras de Danilo Areosa, que na época era governador do estado do Amazonas, "o indígena precisa ser transformado em ser humano útil à pátria" (A Crítica/Manaus, 27 de novembro de 1968). O governador de Roraima Ferreira Ramos afirmava: "Sou de opinião que uma área rica como essa não pode se dar ao luxo de conservar meia dúzia de tribos indígenas atravancando o seu desenvolvimento". (Resist. Awaimiri–Atroari/ Marewa/Itacoatiara/ 1983, pg 6).

Ao menos 8.350 indígenas foram mortos em massacres segundo a Comissão da Verdade que apura os delitos dos militares na época da ditadura. E tantos outros massacres onde colonos modernos fizeram o que fizeram e nunca foram punidos. Em tempos atuais se vê diariamente matança. Pistoleiros a mando de ruralistas caçando índios como se não houvesse justiça nesse país (penso, às vezes, que não há). Os Guaranis-Kaiowa e os Terenas de Mato Grosso do Sul que o digam. Assim como os pataxós, na Bahia, os tupinikins no Espírito Santo, os Guaranis e Kaingangs no Rio Grande do Sul e tantos outros povos que sofrem com o descaso dessa mesma justiça.

Assim surgiram as figuras de heróis da resistência em tempos modernos que doaram suas vidas pelo direito dos povos indígenas, como José Taraju, Eusébio Ka'apor, Marçal de Souza, Adenilson da Silva, Marcos Veron, cacique Chicão dos Xukuru, etc. Tais crimes não foram fatos isolados, estão dentro de um contexto macro político de um já prolongado processo de incitação ao ódio e à violência contra os indígenas.

E todas essas lutas se deram num contexto desigual. Primeiro os indígenas eram "selvagens" que precisavam ser civilizados, depois eram os preguiçosos que não queriam saber de trabalhar. De um jeito ou de outros, foram apresentados à sociedade brasileira como seres inúteis, passiveis apenas de se manterem como "coisas exóticas". Quando essas comunidades começaram a lutar outra vez pelo seu território, essa carga de preconceitos voltou à tona.

"Integrar para não entregar". Até hoje tais temas opressores têm sido usados pelos anti-indígenas que são muitos e que, a todo momento, buscam desculpas para culpar os indígenas pelo atraso, pelo terceiro-mundismo vivido pelo país, como se o indígena lá em sua aldeia atrapalhasse o "progresso" levado pelos ruralistas criadores de gado e plantadores de soja.

Durante essa luta, aceitando ou não, o governo assistiu os povos indígenas conquistarem aos poucos alguns direitos essenciais como demarcação de terras e representatividade própria. Mas, passada a ditadura, após um período de poucos anos de democracia, o assombro desse período tão cruel para nós voltou e com toda força nas eleições de 2018. O brasileiro que até então se dizia tolerante e famoso por sua cordialidade na diversidade étnico-cultual escolheu quem representa o pior na política social, Jair Bolsonaro, típico político demagogo da extrema-direita. Fã da ditadura militar e da supremacia branca, famoso aliado dos ruralistas cuja política tosca centra-se no racismo, no preconceito, na submissão aos interesses geopolíticos dos EUA e na anti-democracia, tendo sido eleito por prometer todo tipo de retrocesso aos povos indígenas. Morte, perseguição, desmarcação de terras, a extinção dos 129 processos de demarcação de terras indígenas. Recentemente em entrevista disse que no seu governo "pretende tratar os "índios" como gente. Uma concepção de que somos selvagens, e demonstrando que verdadeiramente não se atualizou e continua com as mesmas ideias de 500 anos atrás. Seu pronunciamento é como se ele tivesse dormido todos esses anos, desde a chegada de Cabral e acordado agora. Para piorar, como se quisesse nos punir, já no inicio de mandato, após cogitar retirar a FUNAI do ministério da Justiça e a colocar sob tutela do Ministério da Agricultura, administrado pelos ruralistas, colocou-a no recém-criado Ministério da Mulher, Direitos Humanos e Família, comandado por uma pastora evangélica de visão eurocêntrica e de religiosidade fundamentalista, que já se posicionou a favor da revisão da política para povos isolados por acreditar que devem ser evangelizados e considera que as "instituições piraram" e que "chegou o momento" de as igrejas evangélicas governarem o Brasil. Momentos antes, o Ministério Público Federal denunciava a ONG da pastora-ministra por discriminação contra indígenas. Nesse mesmo tempo, Bolsonaro ignorava a manifestação de um grande grupo de indígenas em protesto contra as mudanças na FUNAI e recusava-se a recebê-lo. Outro caso grave é o ataque do presidente à própria FUNAI ao proibi-la de criar projetos de investimentos em terras demarcadas, e também quando retirou dela a atribuição de demarcação de terras indígenas que entregou na mão do ministério da Agricultura, comandado pelos inimigos dos indígenas. Dá para acreditar que os ruralistas, maiores perseguidores dos povos indígenas e ávidos por roubar-lhes suas terras irão demarcar mesmo algum milímetro?. Isso significa que se já não estava bom, a eleição de 2018 só veio piorar.

A má vontade do presidente eleito para conosco, os indígenas me espanta. A escolha dessa ministra é sinal disso. Mas querendo ou não, tenho comigo que ele aprenderá que somos a raiz do Brasil, sem nós não existe história nesse país, nem salvação para o meio-ambiente. E não é exagero dizer que venha o que vier, os povos indígenas que vêm resistindo ao genocídio étnico e cultural implementado pelos brancos desde o século dezesseis, alarmados com o reaparecimento da onda fascista, dessa vez ligada a onda ditatorial militar, estão mais uma vez preparados ou, no mínimo, se preparando para dias piores. Como diz seu slogan: "Se fere minha existência, serei resistência". É o que devemos buscar nesse sentido. Nos prepararmos para dias piores; porém, com união e força para que não caiamos em suas armadilhas.

SOBRE O INDÍGENA NA POLÍTICA

Penso que um partido indígena (sigla partidária) que tenha uma política voltada para o Movimento Indígena Brasileiro visando unicamente proteger seus interesses culturais, sociais, econômicos e territoriais precisa existir para que o indígena tenha oportunidade de fazer a diferença com voz e vez nas assembleias, prefeituras e em câmaras municipais. Em época de forte política anti-indigenista, me parece ser um bom momento para que o chamado Movimento Indígena entre em um novo nível, e atue no embate político de igual para igual contra os ruralistas e seus aliados parlamentares...

Isso não é a mesma coisa que o indígena se tornar político. Políticos indígenas há muitos, mas muitos desses não têm expressão ou representatividade. O chamado povo de base (indígenas de aldeias) precisa ser representado confiavelmente da mesma maneira que precisa se sentir representado, tal qual nas eleições do 2018, ocorreu, quando a comunidade indígena de Roraima elegeu duas mulheres para parlamentos- a primeira delas, a intelectual Joênia Wapixana, do povo Wapixana- que com o apoio de etnias, organizações e aldeias do estado tornou-se a primeira mulher indígena a ser eleita para a Câmara Federal. Um marco, pois, desde a era Mario Juruna, do povo xavante, nunca mais os indígenas tiveram representantes de expressão na política nacional. Se as eleições desse mesmo ano foram marcadas por tons racistas, belicosos e ruralistas, os indígenas de Roraima deram um belo exemplo de como a união faz a força, e nem tudo foi derrota, mas esperança de que com experiência roraimense, os movimentos indígenas noutros estados passem a repensar suas políticas e o valor da união, sem a interferência de interesses particulares.

O que menciono aqui e chamo a atenção é para uma política a nível nacional voltada pera a representação das bases (aldeias), com sigla própria dentro de um movimento de articulação indígena, siglas como MINB (Movimento Indígena Brasileiro) ou PIN (Partido Indígena Nacional) ou ainda outras. Com certeza a falta desse movimento e dessa sigla é o maior obstáculo para a auto representatividade.

Uma atuação político-partidária tem de ter sigla para poder fazer valer a representatividade nas aldeias e entre as associações indígenas. Hoje somos em torno de um milhão (1.000.000) de indígenas no Brasil. Quem sabe somos bem mais? Nisso, lembremos o auto reconhecimento pela OIT (Organização Internacional do Trabalho) que diz que "índio" é todo aquele que se auto reconhece como tal e que é reconhecido por uma comunidade indígena. Assim, poderemos nos considerar bem mais e se todos pensarmos iguais politicamente poderemos alcançar esse nível que nos falta: a representatividade partidária.

Para termos voz e vez precisamos atuar como um só corpo partidário. Se continuarmos como estamos politicamente, só faremos o jogo que interessa aos outros. E fazendo seu jogo, ao invés de avançarmos, só nos manteremos como estamos: dispersados, divididos e usados em um jogo de poderes em que interesse indígena não existe. Honestamente, alguém acredita que haja políticos no poder que queiram atuar em prol dos direitos indígenas verdadeiramente e integralmente, sem que com isso pese algo a mais na balança? A temática indígena todos os partidos têm, mas o que lhes convém?

Enquanto fizermos seus jogos e atuarmos com indiferença quanto à questão do movimento organizado só podemos alcançar vitórias particulares de prefeitos, vereadores e vice-prefeitos que por algum momento conquistaram o poder local mas que não lhes interessa um movimento indígena amplo, organizado, sem que haja a questão da politicagem exalada pelo governo que discrimina alguns, levanta outros... Tudo isso fazendo com que os "representantes indígenas" lutem entre si pelo pouco poder que o governo lhes concede.

Em países latino-americanos, os povos indígenas têm conquistado não somente direitos, mas se transformaram em atores atuantes no cenário nacional visando justamente sua auto representatividade. Não há nada melhor do que sermos nossos próprios representantes quando a questão é política. Porém, no Brasil, o maior e mais "desenvolvido" país do subcontinente, o tempo, para os indígenas, parece não ter andado, e mesmo passados mais de quinhentos anos, visto que a colonização portuguesa oficialmente ocorreu em 1.500 ainda somos considerados incapazes pelo governo, como se precisássemos ser tutelados pelo estado, sem um legitimo direito à auto representatividade. Se alguns dizem que tivemos muitos direitos conquistados durantes os últimos trinta anos, se comparados aos indígenas em outros países como, por exemplo, o Canadá, a Colômbia, a Venezuela, a Bolívia e o Equador, nós no Brasil estamos no período colonial. Povos e nações indígenas nesses países têm conquistado direitos por seu papel atuante dentro da sociedade.

Territórios autônomos e províncias administradas por governos indígenas existem em alguns desses países e isso é motivo de orgulho (por tratar-se de nossos irmãos indígenas) e inveja para a sociedade indígena brasileira (por não haver semelhante no Brasil). Exemplo disso é a província de Nunavut administrada pelos Inuit (Esquimós canadenses) e o departamento de Kuna-yala, do povo Kuna, no Panamá.

No Equador os indígenas se organizam em torno de uma sigla forte (COICA) que os representa por inteiro. Compondo metade da população, os indígenas deixaram suas diferenças de lado e se reuniram dentro de uma única representação, cuja força é capaz de tirar e eleger governos. Não é à toa que numa só década (1990), cinco presidentes sofreram derrotas diante de movimentos sociais dos quais a COICA teve a maior atuação.

Na Colômbia e na Venezuela, mesmo sendo "minorias", os povos indígenas são representados nos congressos nacionais em cadeiras reservadas para os povos nativos. Na Bolívia, um país bem mais desenvolvido quando o assunto é o de direitos indígenas, o presidente (Evo Morales) é indígena da etnia Yamará. O próprio nome oficial do país foi mudado de Republica de Bolívia para Republica Plurinacional da Bolívia, em beneficio ás dezenas de etnias do país. A legislação foi mudada para dar valor às culturas nativas, aos territórios que ganharam mais autonomia e para valorizar os idiomas que inclusive se tonaram co-oficiais junto com o idioma espanhol. Hoje, representantes dos povos indígenas são respeitados e valorizados dentro do governo. Mas é bom lembrar que tudo isso não aconteceu por acaso. Foi resultado de um longo processo de levantes populares que desencadearam numa revolução política e cultural e a ascensão de Evo Morales, na época um líder campesino plantador de coca.

Se bem que ainda há países de maioria indígena onde a conscientização não alcançou as massas e os governantes "brancos" mesmo sendo minoria se perpetuam no poder, dominando com mãos de ferro os indígenas que ainda não acordaram para o futuro e se mantêm escravizados e subjugados à política dos anti-indígenas tais como a Guatemala, onde os indígenas são quase noventa por cento da população, vivendo uma vida de cão enquanto os patrões "brancos" (dez por cento) os enganam eleição após eleição, e assim é ainda no Paraguai, que também, mesmo sendo e tendo a face indígena, como mais da metade da população, não tem representatividade política e vive sob a ditadura das forças conservadoras anti-indígenas de partidos direitistas como o Colorado.

O Chile, um dos países mais intolerantes quando o assunto é direitos indígenas, os Mapuches e os demais povos andinos sofrem décadas de descaso e perseguição por parte do próprio governo. Mesmo assim, penso que em muitos setores, os Mapuches estão bem mais avançados e politizados do que nós.

No Brasil, onde as poucas conquistas indígenas correm risco de sofrer um retrocesso sem precedentes por causa de uma onda anti-indígena e anti-ambientalista no congresso a mando e influência cada vez maior dos ruralistas, que criam situações de receio em manobras para dificultar novas conquistas e regredir as que já existem implementadas em projetos de lei como a PEC-215; o pouco que existe é motivo de nos orgulhamos sim, para quem há poucas décadas não tinha nada, o que temos hoje significa "grandes conquistas". Se bem que sabemos que faz algum tempo que não avançamos em nada.

Nesse ensejo, podemos salientar que com a exceção da homologação da Terra Indígena Raposa Terra do Sol, em Roraima, no governo de Luís Inácio Lula da Silva, nunca mais vimos conquistas avançadas, a não ser com a cogitada e possivelmente futura Universidade Indígena (ainda em planejamento), mas somente no segundo mandato do governo Dilma, os primeiros quatro anos de governo passaram e não vale a pena lembrar, a não ser para ilustrar como um governo não pode fazer politicagem. Nesse período, houve verdadeiras guerras anti-indígenas implementadas por ruralistas, e que causaram dezenas de mortes no Mato Grosso do Sul e Bahia, tudo isso com a conivência dos governos estaduais e até do governo federal.

E o que dizer da gestão Temer? O atual presidente do Brasil, que entrou no Palácio do Planalto pelas "portas do fundo" dada a consolidação de um *impeachmant* forjado pelo congresso de maioria direitista e conservadora num golpe de estado brando, com apoio do poder judiciário e da mídia - essa também tão anti-indígena quanto o governo?

Os ruralistas, declaradamente anti-indígenas que mesmo com a gestão de um partido de esquerda já estavam fortalecidos, hoje dão gritos de alegria por essa nova realidade brasileira. Os indígenas e seus aliados estão de mãos atadas e em apuros, bem assim como movimentos sociais diversos.

É importante salientar aqui a busca da conscientização. Sem ela não haverá conquistas, mesmo por que somos minoria e de organização frágil. A ideia de "unir para conquistar" não é opção quando nos referimos a sobrevivência, mas uma regra. Entre as prioridades está a conscientização indígena, onde nossos parentes precisam saber e se comover diante da opressão dos anti-indígenas através da política e do preconceito racial e assim entender de uma vez por todas que só unidos e conscientes do papel que cada um temos é que alcançaremos a vitória.

Entre os itens dessa conscientização étnica e social estão conceitos fundamentais da geopolítica e história, como por exemplo, o surgimento do conceito "esquerda x direita". Esse conceito nos remete à época da Revolução Francesa e se refere aos grupos dos Girondinos e Jacobinos. Cada um se posicionava em um lado do congresso. À esquerda, ficava a ala que defendia os interesses do povo pobre (a maioria da população), e que era a favor da revolução popular, contra a opressão dos ricos. À direita estava a ala que defendia o interesse da classe rica e liberal (burguesia), esta não aceitava dividir seus direitos com os pobres e era contraria a dar direitos ao povo. Entenda agora porque uma pessoa pobre e trabalhadora pode, que sem saber o sentido de estar sendo usado pela elite, tomar partido da direita e ser chamada de traidora do povo. Quando esse conceito progrediu no tempo e se estendeu para outros lugares, a esquerda passou também a representar as minorias sociais e raciais, como nós indígenas (na América) e os negros (em países da América e Europa), bem como representar as demais orientações sexuais e religiões menos expressivas. Assim, entende-se que nós indígenas temos, por dever e sobrevivência, de estar ao lado da esquerda, a mesma que protege o meio-ambiente.

Precisamos compreender também a essência do comunismo. Não me refiro ao comunismo de estado, em que o estado oprime o povo quase sempre que conquista o poder. (O comunismo de estado é um pouco parecido com o capitalismo, a diferença é que no capitalismo, quem oprime o povo é a classe rica, que detém o capital e com ele, o poder), Mas me refiro ao comunismo verdadeiro, pois comunismo é o que nós indígenas vivemos nas aldeias: Paz, harmonia e prazer em ajudar e dividir o que temos com os nossos semelhantes.

A presidência da FUNAI (Fundação Nacional do Índio) nunca foi nossa. Ainda que vários parentes tenham tentado se mobilizar nesse sentido, suas aspirações sempre foram rechaçadas pela ideia tutelar do governo: "índios são incapazes", se não é isso, então a questão é puramente segregacionista: O próprio povo não pode exercer a função de auto-representante. Mesmo sabendo que há indígenas de todos os povos inseridos nas universidades, com diplomas de mestres e até doutorado, além de indígenas capacitados na questão política. Ou ainda: evitar que o indígena tome as rédeas da situação e ganhe confiança tornando-se uma pedra no sapato de uma maioria anti-indígena. Se essa for a questão, então não é de se admirar que nunca nos foi dada a oportunidade de exercer papel mais relevante na educação indígena, muito menos na Fundação Nacional de Saúde, setores em estreito relacionamento com as comunidades indígenas.

Mas aí é que está o grande problema: não temos avançado e para piorar, estamos correndo o risco de perdermos tudo o que já conquistamos em matéria de territorialidade.

Não sejamos massa de manobra nas mãos do governo ou de qualquer político opressor, que não planeja a ascensão indígena ou a integração indígena na sociedade de maneira plural. Não sejamos divididos por interesses próprios numa pura enganação, visando o poder em cima dos povos indígenas de bases (aldeias). Não criemos cisão no meio do movimento indígena organizado para nos tornarmos presas fáceis de aproveitadores que se dizem representantes dos "índios", mas que na verdade, são amigos da onça, e quem sabe, até a própria onça.

A luta entre interesses de lideranças só afasta a vitória coletiva e serve aos interesses dos anti-indígenas.

Se há lideres verdadeiros e verdadeiros lideres (sabemos que há), então porque não unem forças e reorganizam esse movimento? Mas num contexto atual e a nível nacional para haver representação legitima.

 Que nas eleições por vir, repensemos nosso papel na história como indígenas. Votem em indígenas para assim nosso grupo racial ter representatividade nesse cenário injusto, onde só ricos e brancos vencem.

Vamos dar as mãos, parentes. Isso é um apelo! Deixemos a discriminação de lado. Deixemos os interesses próprios. Lutemos por nós mesmos, por que se não lutarmos, ninguém lutará!

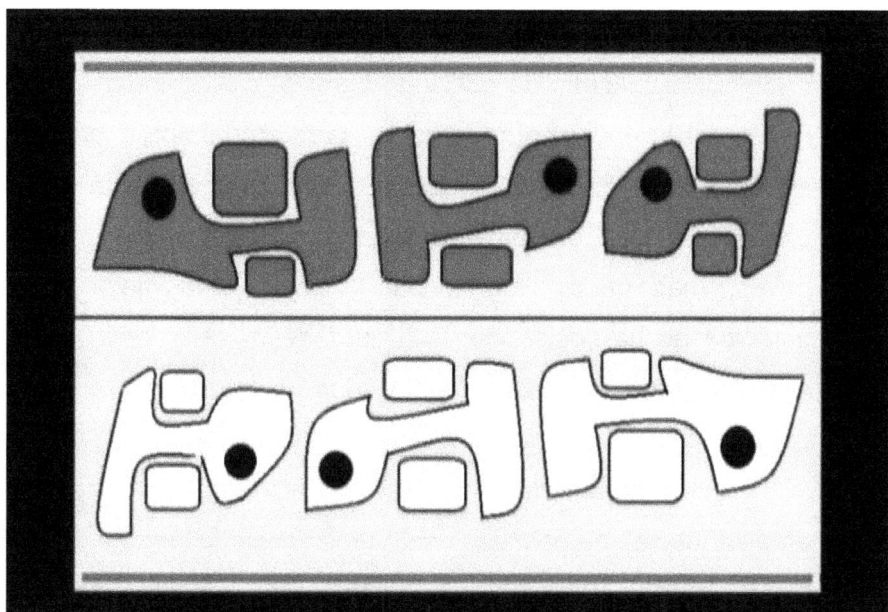

SOBRE O DIA 19 DE ABRIL

Dia 19 de abril é o Dia do Índio? Que seja! Mas quero aqui ir para um debate mais aprofundado que não é tão somente o da comemoração. Há muito tempo já dizem que dia do índio são "todos os dias", o que é óbvio. Onde existem indígenas (onde moram indígenas) todos os dias da semana são seus dias. A cultura praticada cotidianamente e os seus direitos defendidos a todo momento revelam que o "dia do índio" de fato é

87

todo dia. A conscientização é o que nos leva a entender o melhor significado do que vem a ser o "dia do índio". Penso que não serve somente para comemorar a imagem dos primeiros habitantes do Brasil em data cívica junto aos alunos e professores e aos próprios povos, mas principalmente para discutir uma maior participação na sociedade. Sua verdadeira "cara" deve ser mostrada visando o fim dos estereótipos e preconceitos.

As culturas, num universo plural, precisam ser entendidas e respeitadas por uma sociedade que, mesmo cada vez mais homogênea, devido à globalização e aculturação das massas em prol do capitalismo consumista, deve reaprender a valorizar o lado bonito da vida.

É um dia que serve para se pensar e repensar nos direitos humanos. Para se festejar sim, mas principalmente para relembrar os sofrimentos dos povos em mais de quinhentos anos de colonização e aculturação. O peso do horror sofrido pelos povos dada a uma perseguição incisiva dos que não gostam da beleza da diversidade e são intransigentes quanto ao direito do próximo de pensar diferente ou de existir. A essas pessoas chamamos de "fascistas". Elas existem desde que o mundo é mundo e sempre se expressam por intermédio da dominação. Ao invés de usar da inteligência, da sabedoria, usam da força e da perseguição aos demais.

É um dia sim, que traz afeto e esperança, mas que desperta medo e revolta em muitos, em todas as maneiras de se pensar. A revolta vem por intermédio da conscientização reprimida dos que gostariam de terem pulso e não têm, num desejo de desforra histórica... Um índio descerá em pleno corpo físico... Virá... Virá que eu vi". Assim, reformular a história, num desejo implantado pela leitura dos textos histórico-geográficos que contam o sofrimento indígena frente ao poder bélico e devastador do chamado homem-branco (europeu). O medo vem dos anti-indígenas, daqueles que gostariam que a raça nativa se extinguisse de uma vez por todas, diante da possibilidade dessa conscientização revanchista de muitos indígenas. Se não fosse a maioria dos indígenas serem pacíficos e pregarem a paz e o perdão, e a maioria dos não-indígenas também serem pacíficos e tomarem partido da causa indígena, em prol de seus benefícios, quase sempre ameaçados por ruralistas, o cenário bélico estaria montado.

Mas a conscientização tem de existir. A conscientização e a lembrança de que houve e continua havendo o sofrimento e a perseguição aos povos indígenas deve sim existir para não se esquecer da dor e do amor à causa desses povos. A insistência em existir, para isso a conscientização tem de haver, pois se deve resistir para existir. O festejo... A comemoração é boa sim. O que fazer se todos já estão acostumados com a data. Das escolas às instituições particulares, todos se lembram do 'índio' nesse dia. O problema é manter os estereótipos. É teimosia insistir com tantos estereótipos que causam preconceito. O racismo é nítido dentro da sociedade, mas grande parte dele vem por falta do conhecimento. A temática indígena deve ser revista e, dentro da valorização dos povos, é preciso acabar com os malditos estereótipos criados para denegrir a imagem dos indígenas.

Esse dia é notável, assim como deve ser notada a presença indígena nas cidades brasileiras e o respeito que precisa haver por eles. Notável também precisa ser o incentivo para que suas centenas de culturas se manifestem sem receio, sem medo e com total liberdade para que seu grito ecloda no ar e o eco desse grito ganhe todos os espaços e em todos os cantos desse país faça valer a vibração dessa voz.

Esse é um dia que veio para nos dar mais entendimento sobre o "ser" indígena. Um dia da "consciência indígena" onde o orgulho precisa estar estampado no rosto de cada pessoa. Um motivo a mais porque ser... Porque resistir. Porque lutar pelos seus direitos. E se habituar a viver como tal, andar como tal, se vestir como tal, pensar como tal... Viver conforme a fala, no contexto e na ênfase do "orgulho indígena" e assim ser um dia que valha a pena ser comemorado.

SOBRE O DIA 22 DE ABRIL

O que dizer de uma data implantada com mentiras? É muito incômodo, para um povo ou até mesmo para um grupo racial quando um determinado país governado por outro grupo racial, que parece querer manter certa supremacia e que para que ninguém a esqueça comemore uma mentira como se fosse verdade. Em nosso caso, a mentira afirma que os colonizadores portugueses (brancos) são os "descobridores" das terras hoje chamadas de Brasil, habitadas há milhares de anos pelos povos indígenas. Como pode? A descoberta de algo só existe quando ninguém o conhece. Isso é mais que elementar. Essas mesmas terras já eram conhecidas por nossos antepassados, onde inclusive havia reinos e territórios nacionais reconhecidos entre eles, e reza a lenda que não somente os indígenas, que no caso eram os habitantes, mas também chineses, fenícios, malaios e polinésios. Os europeus foram apenas os últimos povos a encontrar por acaso nossas terras. No caso do Brasil, foi um encontro intencional mesmo. Pouco tempo depois da chegada do genovês Cristóvão Colombo, a serviço da coroa espanhola, na ilha La Spaniola dos povos Tainos, Pedro Álvares Cabral, um rico administrador lusitano chegou somente para tomar posse em nome da Coroa Portuguesa. Ou seja, nada de "descoberta" por acaso, como dizem livros tradicionalistas. A clareza é escancarada. Já eram conhecidas da administração portuguesa as terras que viriam a ser chamadas de Brasil. O que fortalece a ideia de que além de povos bárbaros, os europeus estavam em estado bastante atrasado com relação a povos de outros continentes.

Agora, passados mais de quinhentos anos, desde que Pedro chegou ao litoral Baiano, terras do povo Tupinikin, e fincou a cruz cristã nas proximidades do Monte Pascoal, o problema persiste! Manter uma data, mesmo sabendo que é mentira, e o que se julga ser, não passa de uma invenção criada a partir da visão do elemento "conquistador", é conflitante.

Sim, é bem verdade que houve uma invasão após o encontro de duas civilizações. Esse encontro não foi nada amistoso, o que se viu foram pessoas sanguinárias que tinham em mente uma única coisa: se apropriar de riquezas dos nativos mesmo que fosse necessário matar e despojar os ameríndios. Essas pessoas se tornaram "heróis" nos países de origem e até nos países recém-criados em terras outrora indígenas, após matar, estuprar e roubar. Foi assim que aconteceu com Pedro Alvares Cabral! Com Estácio de Sá, com os bandeirantes (verdadeiros bandidos e assassinos sanguinários) entre os quais: Borba Gato, Domingos Jorge Velho e Fernão Dias Paes, e com os próprios padres católicos, que a serviço da Coroa, ajudaram a destruir centenas de povos.

O dia 22 de abril me lembra esses saques, esses roubos, esses estupros. Nunca que o colonizador se importou com o elemento nativo, tão pouco cuidou em ajudá-lo frente a tantas desgraças orquestradas por sua ganância. Em nome de Deus, matavam, em nome de Deus, destruíam.

A data 22 de abril é o dia em que os portugueses desembarcaram em terras brasilindias para proclamá-las colônia em nome do rei de Portugal. Essas mesmas terras já eram conhecidas pelos portugueses desde 1.400, época após a chegada de Cristóvão Colombo à ilha La Spaniola, no mar do Caribe. Portugal já se sentia dono dessas terras pretensiosamente "dadas" pelo papa aos Espanhóis e Portugueses, segundo o "Tratado de Tordesilhas" que dividia o continente ameríndio em duas partes. Por isso Pedro Alvares Cabral, um fidalgo português, mesmo sem experiência de navegação, mas acompanhado pelo celebre navegador Fernão de Magalhães, foi mandado para cá, para que tomasse posse dessas terras e com isso tornasse certo à toda Europa que essas terras tinham "dono", no caso, o rei de Portugal. Neste dia foi avistado pela primeira vez o monte Pascoal e foi forjada uma missa batizando esse encontro como tomada de posse.

Os brancos descendentes de europeus comemoram esse dia como uma salvação dos nativos. Já os nativos...

SOBRE OS ALIADOS

Parabéns a todos os que pensam em se aliar à natureza e a todos os que acreditam que a beleza está na pluralidade étnico-cultural. Vivam a riqueza e a diversidade cultural. Parabéns aos povos livres da cultura das massas e do consumismo. Viva a mãe-natureza!

Assim inicio essa reflexão, com relação a esses incríveis aliados que muitas vezes passam por cima de seu tempo sagrado para prestar auxílio de um jeito ou de outro ao movimento indígena em todo lugar do

97

mundo. São os anjos, os agentes da paz que lutam por nossos direitos, por nossas famílias e para que nossos sonhos se tornem realidade. Pessoas simples, do povo. São aqueles que são designados por Monãg, que nascem estrelas ou que antes de nascer, já têm um destino, uma razão de vida. São feitos de um amor maior que o amor dos demais seres humanos. Esses são os que chamo de aliados da causa indígena.

A essas pessoas digo com toda certeza, são índios de verdade. São índios não só por opção, mas de coração, por que são os "escolhidos". A eles Monãg designou um trabalho mais difícil que aos demais. Difícil e em inúmeras vezes, não reconhecido. Aqueles que entram nessa luta por paixão e incrivelmente esquecem-se para lembrar-se dos demais, das tantas dores que sofrem, das inúmeras dificuldades... São capazes de deixar sua origem para transformar-se, num batismo sacro, em pleno cotidiano, num cidadão indígena dos mais legítimos. A metamorfose de uma borboleta, contada no mito do Beija-flor, do povo Maraguá, em que uma pessoa falecida se transforma em beija-flor e uma criança que a acompanha se transforma em borboleta. A pessoa falecida, transformada em beija-flor tem o dever de levar a alma da criança, transformada em borboleta para o céu. Esse dever santo e toda uma ideologia de auto-sacrifício é o que nos propõe pensar sobre esses nossos irmãos.

São aliados sempre e não desistem nunca, e mesmo que muitas vezes decepcionados, seus corações se alimentam do serviço que prestam e por isso, não tem como desistir. Vestem a camisa de tal forma que causaria inveja ao próprio Ayurykáwa (aportuguesado para Ajuricaba), o grande tuxawa dos Manáu e herói da resistência indígena na região do rio Negro. Não sei. Penso que na verdade não causaria inveja, mas orgulho! Seu amor e a facilidade em desprender-se de suas atividades pessoais para abraçar a causa indígena deixariam Ayurykáwa cheio de orgulho sim! Se os madeireiros, grileiros e ruralistas anti-indígenas têm seus políticos para dar-lhes força, nossos povos contam com esses anjos escolhidos por Monãg para lutarem conosco.

Há quem diga que surgem pessoas que se aproximam do movimento indígena somente para se beneficiar. Eu não nego. Existem sim, e todos nós sabemos disso, assim como conhecemos dezenas de histórias sobre isso.

Fato! Infelizmente no meio de maçãs boas vêm algumas maçãs podres. No movimento Indígena não há uma máquina, algo que seja detector de picaretas, se houvesse, que bom seria, pois nos livraria de muitas ciladas e dores de cabeça. Não há esse detector, por isso precisamos contar com a compreensão de todos e com a esperança. Picaretas há em todas as sociedades, entre os nossos há (e muitos) por que então não haveria de ter nas ONG's?

A questão é usar sempre o método da sabedoria ancestral compartilhada com a sabedoria bíblica. Diferenciar o certo do errado através da experiência. "Quem pratica o mal, dá maus frutos, mas quem é do bem, produz bons frutos". É uma questão de discernimento.

Porém, vale a pena apostar em quem ama nossa causa. Quem mesmo sendo ignorado por muitos, faz seu trabalho sem buscar poder pessoal.

Os valores da ancestralidade recebidos por alguns são a prova de que o mundo tem seus guardiões e que apesar de ele estar sob uma escravidão capitalista selvagem, com a maioria da humanidade descendo às profundezas de sua obscuridade, ainda resiste graças às pessoas que acreditam nele, num ideal natural e coletivo, de diversidade e de paz.

Vale lembrar que em meio a tanto desmatamento no mundo, a tantos agrotóxicos, a tanta poluição e a força descontrolada do capitalismo selvagem, sem essas pessoas, que lutam pelo meio-ambiente, que defendem as sociedades indígenas, que buscam manter a pluralidade cultural, nada mais haveria, nem ninguém viveria para contar a história, a história do bem contra o mal.

Ah, sem esquecer na grande retomada da agenda ainti-indígena e anti-ambientalista desde o governo Dilma Roussef, e agora, triplicada no governo da extrema-direita comandado por Jair Bolsonaro, um político que sempre atuou por eles, tanto nas intimidações e ameaças a indígenas quanto pelo desprezo às instituições ligadas ao meio-ambiente. O poder dos ruralistas a cada dia se fortalece. Eles cada dia crescem e ganham mais espaço. Na política, sua bancada no congresso está super poderosa. Praticamente são eles, através de lobbies e doações partidárias que governam, visando sempre seus interesses e sua agenda de destruição do meio ambiente e quem quer que seja dos que se opõem em sua cruzada contra os indígenas. Diga-se de passagem, a ideia é enriquecer com a destruição do meio-ambiente. Por que não sentem que precisam dele ? Não sabemos responder.

Aqui deixo escrita minha homenagem a grandes nomes do passado e presente que ajudaram e continuam nos ajudando; alguns, inclusive, precisaram morrer para que a causa ecoe mundo a fora. Pessoas que não nos traíram, não se venderam, mas se doaram por nós e pelo meio-ambiente como Marechal Candido Rondon, Curt Nimuendaju, Darcy Ribeiro, Irmãos Vilas-Boas, Yara Brasil, João Melo, Irmã Doroti, Chico Mendes, entre tantos outros.

É uma luta que pode até parecer desigual ou típica de Davi contra Golias, mas que na verdade é o bem que é mais forte e como já sabemos, ele irá prevalecer sempre.

SOBRE A DIREFENÇA ENTRE UMA LIDERANÇA E UM APROVEITADOR

São tantas as diferenças. A começar pelo procedimento que envolve a luta em prol do movimento. Já citamos dois versos bíblicos: "Pelos seus frutos os conhecereis" e "Diga-me com quem andas que te direi quem és". Uma liderança verdadeira não se aproveita das bases, não sobe de cargo à custa da desgraça de outros, usando com isso o engano e a politicagem que assolam o cenário brasileiro, coisa que antigamente alguns diziam ser própria do "branco", mas que hoje em dia tornou-se bastante comum em nosso meio, o que não causa espanto, pois a maldade é própria do ser humano, nem resolve pelos indígenas sem que os consulte primeiro visando somente o que lhes beneficia. Mas as bases (aldeias) sabem quem é líder de verdade

Quando alguém conquista o respeito do movimento lá fora e o carinho dos que estão dentro das aldeias ele é um verdadeiro líder. E esse líder precisa ser valorizado, pois é verdadeiro, não é inventado, nem criado para representar os interesses de um agente externo.

É importante entender que nem todos os que se dizem líderes são líderes natos. Não basta querer ser, muito menos dizer ser, se a questão "ser" requer representatividade, Saber se impor frente às dificuldades e os problemas que lhes sobrevêm é próprio de um líder nato. É diante dos problemas pequenos e grandes que conhecemos um grande líder, mas é diante da fartura e da coletividade que conhecemos um líder de verdade. Se esse líder não valoriza o coletivo nem esquece a si próprio em favor do benefício aos demais é porque é um falso líder. É inconsequência querer representar um movimento sem contar com o apoio dos representados. Todo representante precisa ser nato, ter carisma e ter amor pela causa.

Interessante notar que, hoje em dia, o que mais aparece é gente dizendo ser líder e se dizendo representar algum movimento ou algum grupo. Como se todos que quisessem ser, fossem. Não é bem assim. Não basta vontade. A vontade é o apego a um sonho. São muitos os sonhos e de todos os tipos. Caso seu sonho seja de se "fazer" e ganhar prestigio diante das massas, saiba: a liderança verdadeira nunca visa o proveito pessoal.

Nem a infidelidade, nem a mentira fazem parte do proceder de um verdadeiro líder. Quem conquista algo por meios desonestos nunca alcançará o bem da liderança que é a honestidade

A honestidade é o rosto da dignidade e se alguém que se diz líder e não a usa é porque é indigno.

Mas convenhamos: A liderança vai muito além do que exigir honestidade. Além desta, que precisa haver é claro, para ser um líder é preciso também ter solidariedade, carisma, companheirismo, sinceridade, amor pelos povos e principalmente ter consigo o espírito de liderança. Um líder nato sabe a importância de dizer não na hora certa e também dizer sim, na hora apropriada.

Se você é honesto e quer contribuir para o bem do movimento indígena você está certíssimo em ajudar, mas isso também não lhe dá o direito de se sentir um líder nato. E ainda que você tenha todas essas qualidades, também não é certeza. A certeza vem quando suas qualidades são postas à prova. E caso você vença o ciúme, a inveja, a mesquinharia, a vaidade, a impaciência e o medo de encarar seu próprio medo aí sim, você terá ganho do seu pior adversário que é você mesmo e então poderá pensar que é um líder; mas líder mesmo, você só será quando conquistar o coração de seu próprio representado mediante o uso de suas qualidades.

Acho que muitos não pensam em vencer nem sequer a primeira fase dessa prova, ou que pelo menos saibam que há fases a serem conquistadas. Penso que muitos simplesmente entram no movimento como líderes apenas porque acham bonito serem chamados de líderes ou porque não há uma segunda opção para os representados. Também porque poderia ser mais fácil alcançar o estrelato, a fama, o respeito e por fim, o poder. Mas digo-lhes uma coisa: Não é o poder, muito menos o dinheiro... Não pensem dessa forma. Entrem no movimento por amor à causa e ponham sua liderança à prova. Que cada um seja autêntico, nunca uma farsa. A farsa, mais dia, menos dia, é descoberta, e você precisa se conhecer para não se decepcionar nem decepcionar os outros. Seja polícia de si mesmo. Se policie caso suas qualidades estejam em perigo.

Os líderes de hoje precisam ser postos à prova. Não esqueçamos que são essas provas que lhes dão o direito de representação e nos mostram sua autenticidade. Quantos líderes que eram lideres afamados e por causa de seu proceder caíram em desgraça? A corrupção ataca e acaba com qualquer um. É triste, mas é a verdade. Alguns indigenistas entrevistados por mim chegaram a dizer que "o indígena no poder é pior do que branco". Não é bem assim. No Movimento Indígena a maioria é de membros valorosos. Mas penso que são os pseudo lideres que sujam a imagem do líder autêntico, e por isso mesmo precisamos diferenciá-los para que o movimento indígena volte à tona com o prestigio que tinha nos anos oitenta.

Quantas pessoas são convidadas para representar o movimento indígena no cenário e simpósios internacionais sem que sejam verdadeiros líderes! Nesta questão, será que os indígenas de base, os de aldeias (pessoas simples e honestas) sabem que alguém os está representando naquele momento?

Será que foram eles que pediram ou que os escolheram para que os representassem? Será que estão sabendo que alguém, nesse mesmo instante está falando em nome deles, pedindo ajuda, atenção, dinheiro... Esse dinheiro que alguma ONG ou instituição governamental lhes doe para amenizar suas dores, seus problemas financeiros... Na saúde, na educação... Será que está chegando às aldeias? Ou está parando pelo meio do caminho, em mãos dos "seus representantes" sem que o próprio povo saiba? Será que algumas dessas lideranças já enriqueceram ou no mínimo ganharam muito dinheiro por representá-los diante da politicagem do poder?

Quando aparece o dinheiro e eles recebem, quanto desse dinheiro fica em suas mãos?

Se você conhece alguém com esse perfil ou que já provou que não é o líder que você acreditava que fosse, você é capaz de continuar confiando nele? Você é capaz de mantê-lo no poder só porque lhe ofereceu também benefícios? Saiba que muitas vezes é a própria aldeia a culpada por manter pessoas com esse perfil no Movimento. A corrupção nem sempre está somente em alguns que se dizem lideres, mas também pode estar ou entrar em outros que se dizem representados por eles e os ajudam a manipular os interesses da sociedade.

Falar em nome de um determinado povo é fácil, longe dele se torna mais fácil ainda, não havendo quem o desminta, longe da aldeia e nos grandes centros populacionais e midiáticos o falso indígena, que muitas vezes se diz líder fala a todos e por todos. É capaz de falar num idioma que não existe ou de se pintar extravagantemente para ser associado a uma sociedade exótica. Adquire um conhecimento externo do povo a que diz pertencer, aprende algumas palavras sem sotaque, e muitas vezes usa a imagem de índio xinguano aproveitando-se da imagem distorcida e estereotipada que o brasileiro tem do legitimo indígena .

Como o Brasil é um país mestiço, é claro que pessoas com "cara" de índio xinguano são muitas.

Isso não tem nada a ver com a auto-afirmação, nem falo nada contra os indígenas de coração, aqueles que muitas vezes são mais "índios" que muitos índios de aldeia, por amarem a cultura e a sociedade indígena, e que se houvesse alguma maneira de nascerem "índios" nasceriam de novo, pois esses são autênticos também e são esses que contribuem melhor para a participação do indígena na sociedade envolvente. São os chamados indígenas auto reconhecidos, que se auto reconhecem como tal e procuram ajudar de coração os povos.

Os problemas não são esses, pois esses são a solução, o problema aqui apresentado são os que se aproveitam da aparência indígena para ganhar dinheiro nas cidades, e sem que seja necessário apresentar o RANI (registro de nascimento indígena expedido pela FUNAI) fazem o que bem querem, dizem a mentira que quiserem e no final mancham a imagem do indígena diante da sociedade.

Estelionato, falsidade ideológica... Vai de pajé urbano a artista. Passam-se por tantas funções, falando como representantes indígenas, mas na verdade são um bando de espertalhões que usam a boa vontade dos brasileiros para se promoverem. Quantos desses vocês já encontraram nessas andanças da vida? Lobos em pele de cordeiro, ou quem sabe, raposões querendo tomar conta do galinheiro.

Talvez, caso encontrem alguns desses, fosse bom exigir que apresentem o RANI, ou melhor, até o RANI está sendo falsificado, o certo mesmo é pedir esclarecimento da comunidade indígena da qual dizem fazer parte. Mas até conseguir contato... Por isso mesmo vocês indígenas e aliados precisam aprender a diferenciar essa gente.

Mas voltando a falar de indígenas de verdade... Hoje em dia a concepção de liderança está muito vaga e de maneira generalizada se pensa que ser líder é quem quer e onde estiver. Talvez por isso encontramos inúmeros lideres para uma única função. De norte a sul desse país o que não falta são pessoas pregando serem representantes de um determinado grupo étnico. Por isso parafraseio um provérbio anti-indígena que diz: Há muitos caciques para poucos índios" o que nem sempre é mentira, visto a atualidade em que o movimento indígena está cada vez mais com a imagem distorcida e está podendo ser tudo em todos, num contexto onde basta haver temática indígena para chamar de movimento indígena, por isso digo que uma pessoa dizer que é líder é fácil, difícil é tornar-se um representante verdadeiro. É falar pelo povo com o respaldo dele e com a sua voz.

É bem verdade, cabe a nós escolher nossos líderes, mas entendamos de uma vez por todas: aproveitadores são muitos, mas líderes de verdade são poucos. Principalmente em movimentos étnicos-sociais como o Movimento Indígena.

PALAVRA, A SABEDORIA DOS ANTIGOS

A lei que rege nossas palavras...

Aí está a sabedoria dos nossos antepassados. A palavra é nossa identidade. Vale mais que qualquer assinatura. Um homem de palavra é um homem de verdade. E quem não quer ser homem de verdade numa sociedade onde a palavra impera e a sabedoria é joia almejada? Uma sociedade onde o homem é medido pelo que fala é uma sociedade onde a lei da sabedoria dos antigos ainda existe. Mas na atualidade, onde podemos achar essa sociedade?

A sociedade indígena, de uma maneira geral, tem declinado bastante diante da influência da sociedade de economia de mercado. Numa sociedade onde o modelo cultural é o capitalismo liberal, num trâmite selvagem do toma lá dá cá, visando unicamente o lucro, o bem da posição social e as posses, a palavra é o que menos importa.

Lembremo-nos de nossas sociedades em momentos onde nossos velhos eram nossos maiores bens, pois eram eles que traziam consigo a sabedoria da palavra. Que interessa a nós o lucro se a palavra nada mais vale? É nessa palavra que está contido o orgulho de nossas culturas. Somos sociedades diferenciadas com a palavra valorizada, não percamos o contato com a sabedoria dos antigos, pois é dela que nosso orgulho étnico se alimenta. Nosso orgulho pátrio necessita ter um espelho ancestral que nos remeta à sabedoria. Pense no que somos, nas palavras que são mais valiosas que papéis assinados, na nossa filosofia de vida em que vale mais o ser que o ter, na ancestralidade que nos faz sermos leais, honestos, verdadeiros, no orgulho étnico e em tudo o que nos faz sermos diferenciados, especiais num mundo cheio de desrespeito e sem amor.

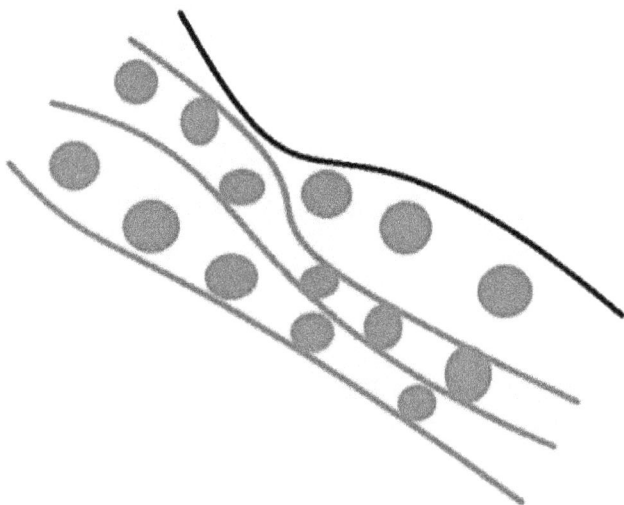

SOBRE NOSSA IDENTIDADE PÁTRIA

Cada povo indígena é uma nação. Nação sim! Palavra que alguns políticos e oficiais pseudopatriotas tentam ridiculamente suprimir de fontes oficiais. Em meio a essa polêmica, nos dão uma palavra chula, preconceituosa e sem noção, a de que somos tribos.

Geógrafo e geopolítico que sou de formação, sou enfático em dizer que geograficamente falando somos nações sim! E precisamos ter orgulho de nossa identidade pátria.

E contrariando o que estamos acostumados a ouvir, o Brasil não é uma nação como genericamente se diz por aí, quase sempre ancorados nas palavras da mídia e dos livros didáticos dos quais a maior parte é repleta de preconceitos. O Brasil na verdade é um estado pluriétnico ou multinacional, onde, além do grupo racial branco que governa com mãos de ferro numa democracia ateniense esse país (pseudodemocracia cuja classe elitista branca é a detentora) desde a independência, há também as mais de 300 nações nativas (indígenas) espalhadas por todo o território, dezenas de quilombos - descendentes de povos africanos e imigrantes recentemente chegados, alguns com o intuito governamental de "embranquecer" a população, na expectativa de tirar do Brasil a imagem indígena e negra (pesquisar sobre as imigrações incentivadas pelo governo desde o segundo reinado até a era Vargas), como alemães, russos, poloneses, italianos, árabes, judeus, etc. Inclusive imigrantes indígenas vindo de países vizinhos, como aymarás, guaranis e quéchuas. Então agora dá para entender por que há dezenas de nações que compõem esse estado chamado Brasil. Um estado criado e jogado por cima de dezenas de nações nativas que há milhares de anos viviam aqui e que continuam a viver, só que sem a posição de nações independentes, pois os portugueses usurparam-lhes essa liberdade política ao invadir suas terras, escravizando seu povo e declarando-as posses da coroa portuguesa. Posso também dizer com franqueza que, desde que o Brasil passou a existir como estado interdependente, nunca representou os povos nativos, mas sim, as classes abastadas que descendem dos colonos portugueses que na verdade nunca foram brasileiros de espírito, mas mantiveram um certo asco a respeito desse território, preferindo valorizar sua origem geográfica europeia em detrimento do solo brasileiro, que desde então teve uma única serventia: gerar riquezas para eles gastarem na Europa e nos EUA.

O Brasil em poucos momentos teve heróis convictos ou patriotas, alguém que tenha valorizado realmente o ramo natal da *terra brasilis*. A maioria dos chamados heróis oficializados pelo estado brasileiro são invenções. Heróis divulgados e oficializados pelo governo no decorrer da história têm sido forjados para alimentar uma história criada a partir do ponto de vista do colonizador ou da própria elite e atender aos interesses de dominação sobre as demais classes sociais e sobre outros grupos raciais. Assim surgiram heróis por encomenda como Joaquim José da Silva Xavier, o famoso Tiradentes, que morreu "esquartejado" segundo a história (não se sabe se foi verdade), por tão somente agir pela classe abastada da província de Minas Gerais, visando o fim dos impostos pagos por eles para a Coroa Portuguesa, e assim transformado em herói por falta de um, dando respaldo à própria republica quando os republicanos deram o golpe de estado e tomaram o poder da mão dos monarquistas. Outros, como o Duque de Caxias, Almirante Tamandaré e demais militares estiveram sempre a favor da elite e do império. E o que dizer de Borba Gato, transformado em herói pelos paulistas. Um bandido, autor de dezenas de chacinas contra povos indígenas.

Dessa maneira se entende como é visto o Brasil aos olhos dos que nunca se consideraram brasileiros, mesmo sendo nativos. O ser nativo, que tanto causou repugnância aos eurocêntricos no Brasil, não se refere somente aos povos indígenas, mas a todas as formas de pensar, de viver e de ser nativo dessas terras.

Os heróis que existiram por essas terras foram sim, os que morreram por nossas nações. Os negros que lutaram pela liberdade, os indígenas que queriam manter-se libertos. Mas nunca como brasileiros. Dessa feita consideremos as etnias existentes nessas terras, mesmo que dominadas, escravizadas e em forte miscigenação.

A miscigenação indígena com brancos não existiu de comum acordo. Foram miscigenações forçadas, frutos de milhares de estupros. Mulheres indígenas acorrentadas, violentadas e submetidas a sofrimentos. A moléstia causadora dessa miscigenação inicial foi sem dúvida o estupro.

Nossa pátria é inicialmente nossa identidade étnica. Os povos que aqui habitam são nações autênticas. Lembremos que o conceito geográfico de nação é todo povo que tem uma língua própria, tem uma origem comum, cultura diferenciada e, sobretudo consciência pátria de um lugar. Se seu povo tem todos esses itens é porque é verdadeiramente uma nação. Ainda que uma nação sem estado, pois não tem como se tornar estado sem haver guerras ou, no mínimo, conflitos sociais, o que acarretaria mortes. Assim aconteceu com todos os estados independentes reconhecidos ou não pela ONU. Mas mesmo que sua nação não seja um estado independente, e esteja submisso ao governo de um estado, seu território original lhe dá o direito de chamá-lo de país. Pois assim acontece com dezenas de nações sem estado espalhados pelo mundo, sendo que um exemplo claro é o da nação Curda localizada no Oriente-Médio.

Há estados nacionais como é o caso do Japão e de Israel, e estados plurinacionais (criados sobre várias nações) como é o caso dos Estados Unidos, do Canadá e do Brasil. Assim como há nações com estado como é o caso da Grécia, da Mongólia e do Japão e há nações sem estado (nações não independentes), como é o caso dos curdos, bascos, catalães, galegos, chechenos, entre muitos outros, assim como os povos indígenas no Brasil que são nações, mas não têm estados próprios e vivem submissos a um governo central, o governo brasileiro, de lei e cultura regradas por pessoas de cultura "branca" e regime capitalista.

Lembremos que algumas nações sem estados obtiveram autonomia dentro do governo central, como é o caso das regiões étnicas na Espanha e as repúblicas autônomas da Rússia, o que é muito bom, visto que mesmo sem se tornarem independentes têm sua etnia pátria valorizada: inclusive porque uma nação não precisa tornar-se independente para ter sua autonomia respeitada, é o caso do povo indígena inuit (esquimós) no Canadá que tem sua própria província (Nunavut) e suas leis tradicionais são respeitadas pelo governo central do país em Ottawa. As republicas autônomas da Rússia têm seu próprio governo e seus direitos étnicos assegurados pelo governo central em Moscou. Lembremos que esses governos centrais não são unitários, mas federais. O grau de autonomia varia de estado para estado.

Com certeza já ouviram falar sobre o povo escocês. Esse povo forma uma nação e tem seu governo autônomo dentro do Reino Unido, onde outras nações integrantes desse estado gozam de um alto grau de autonomia, entre elas, a nação galesa, localizada no País de Gales.

Na Bósnia-Herzegovina, um país dos Balcãs europeus que é uma federação, uma das unidades denominada Spik tem, inclusive, sua própria moeda e nem por isso é um país independente, mas uma unidade importante dessa federação.

Na Bolívia, desde que o poder político foi conquistado democraticamente pela maioria indígena, os povos nativos têm seus direitos étnicos, culturais e territoriais assegurados por lei. O nome oficial do país foi modificado de "Republica de Bolívia" para "Republica Plurinacional de Bolívia", em reconhecimento dessa diversidade étnica – a certeza de haver várias nações dentro de uma federação, devolvendo com isso, seus direitos políticos e culturais.

E quanto aos Maoris da Nova Zelândia? – Depois de muitas guerras movidas pelo branco europeu, finalmente veio a paz e diante de um acordo histórico que devolvia as terras tomadas dos Maoris, pela conscientização de ambas as partes, ao invés de inimigos, brancos e nativos tornaram-se parceiros. A Nova Zelândia passou a ser um estado do bem-estar social, nisso incluiu os Maoris em sua agenda cultural, política e social. Hoje o povo Maori compõe $30°/_{o}$ da população, demonstrando com isso que sua população cresceu para o bem da Nova Zelândia, que tem entre seus principais atrativos as festividades maoris e a cultura nativa, presente em grande parte da identidade nacional. Aí está o reconhecimento e o valor de uma nação dentro de um processo histórico-geográfico para uma sociedade. Quando o estado valoriza as nações dentro de seu governo tem tudo para dar certo.

Diante de muitos bons exemplos, infelizmente o Brasil ainda é um estado opressor e anulador dos direitos dos povos nativos que precisam de territórios próprios para melhor se identificar nacionalmente. Ao invés de seguir exemplos claros de estados de bem-estar social, como Canadá , Bolívia e Nova Zelândia, mantem-se com parte das características de estado escravagista que foi e que nunca engoliu direito a inclusão social dos indígenas, com sua política, seus costumes e sociedade diferenciada. A palavra nação é um tabu para o governo (hoje, democrático, mas influenciados pelos militares linha dura) que até hoje se recusa a reconhecer os indígenas como são (nação diferenciada) – direito fundamental do ser humano, criando para eles identificação pejorativa como tribos.

Tenho certeza que os povos que habitam esse país não querem sua independência do governo central visto que sabem que é um processo longo e de difícil acesso, mas o mínimo de reconhecimento e valorização das dezenas de nações precisa acontecer por parte dos governantes. As nações indígenas do Brasil precisam ser respeitadas. O governo brasileiro necessita reconhecê-las como são, com sua sociedade e cultura diferenciada e também sua forma de governar internamente dentro de seu próprio território.

Imaginemos como aqui era antes da chegada de Cabral. Com certeza eram centenas de nações. Cada uma dessas nações tinha um território próprio, alguns de tamanho reduzido, outros, de grande tamanho, como era o caso do território Tupinambá e dos Guaranis. Pela sua beligerância, os Mundurukus e Muras tiveram na Amazônia extensas áreas como país (país dos Muras, Mundurukania). Toda região do rio Madeira foi conhecida como país dos Muras e grande parte do rio Tapajós, principalmente a região entre Tapajós e Madeira, a chamada região Mundurukania, foi chamada de pátria dos Mundurukus.

Em alguns casos, como o povo havia alcançado uma civilização mais adiantada (conhecedores de relatos de reinos como o dos incas), havia não somente o território nacional e com fronteiras reconhecidas e guardadas, mas também cidadelas com palacetes e sociedades evoluídas, como foi o caso da nações Aruã, Kundury e Tapayú (no Baixo Amazonas) e yurimáguas e omáguas (Médio Amazonas).

O Brasil nunca foi uma nação, foi um estado inventado, imposto pelos portugueses e descendentes e que se apossou de todos os territórios e pátrias dos povos indígenas da região que hoje chamamos estado brasileiro. Foi como se fosse algo que caiu em cima de tudo e de todos, não respeitando nada e sufocando reinos e povos. Sem tomar conhecimento pátrio, tomou, roubou e se apossou de países inteiros, inclusive cacicados (reinos amazônicos, governados por *tuxawuas* também chamados de caciques), como os dos yurimáguas, dos omáguas, tapayús (civilização tapajoara) e aruãs (civilização marajoara). Na verdade, toda essa identidade nacional foi esquecida em quinhentos anos de opressão, dos quais, metade desses anos foi escravidão. A política governamental branca de anular nossa identidade étnica e nosso orgulho pátrio foi um sucesso. Com mais a religião imposta, não só pelo "descimento", mas também por tortura e "guerra-justa", nossa alma foi roubada e nossas mentes, colonizadas.

Assim, anuladas nossas mentes pátrias, passamos a fazer parte de uma pátria por encomenda e que não é nossa, mas que devemos amar, mesmo que não nos tenha sido feita para usufruí-la.

Na ideia inicial dos "brancos", faríamos parte da sociedade, mas tão somente para sermos submissos e explorados. Em momento mais recente, época da ditadura militar, para roubar o resto dos nossos territórios (os que ainda não nos haviam tirado), inventaram a ideia de nos "integrar". Assim aconteceu com milhares dos nossos. Nisso foram extintas mais uma leva de línguas, uma leva de povos e subtraída outra leva de terras.

Mas como foi dito, para nos tornarmos nações independentes é custoso e humanamente impossível. Devemos reconhecer o Brasil como nosso país, mas para ser nosso, precisamos fazer parte dele não somente em contingente, mas em participação e isso precisa ser colocado não somente em nossas mentes, mas nas dos governantes. Quem ama, cuida, assim se o Brasil em si nos reconhecer como ancestralidade e respeitar nossos, povos, nossas terras e nossa maneira de ser, também saberemos valorizá-lo.

Hoje, um território indígena onde a maioria da população é indígena precisa ser visto com bons olhos. As nações indígenas precisam alcançar a valorização política, assim deixariam de ser submissas e tuteladas para se tornarem uma ajuda a mais para o governo, que trabalharia com a inclusão e a valorização dos indígenas. Em troca, obteria rendas e reconhecimento ao invés de ressentimento. Isso ocorreria com um hipotético Território Indígena Federal do Rio Negro, cuja capital São Gabriel do Rio Negro já se comporta como capital de um território cem por cento(100%) indígena. Dessa maneira poderia ser pensado um território federal do Xingu, um território no Solimões, um território ao norte de Roraima, outro no oeste de Mato Grosso e assim por diante. Territórios federais indígenas, governados por indígenas e subordinados diretamente ao governo central.

Quando os povos indígenas passarem a se dar valor como nação, entenderão o que é autovalorização étnica, então nunca mais deixarão governo nenhum e nenhuma mídia lhes impor rótulos grosseiros e que só visam a desvalorização das etnias e a supervalorização do estado que só eles governam.

SOBRE A ESPIRITUALIDADE E A
FILOSOFIA DE VIDA INDÍGENA

Não podia encerrar esse discurso sem antes falar da tão famosa espiritualidade indígena. Há quem diga que o indígena ou os povos indígenas não possuem religião, se não houver igreja nem denominações. O que digo é que devemos nos afastar um pouco ou quem sabe romper de vez as correntes que nos atrelam ao euro centrismo religioso e suas concepções. Por que, mesmo não sendo europeus, ficamos quase sempre de mãos atadas à filosofia eurocêntrica. Precisamos olhar o mundo com outros olhos, olhá-lo na mesma visão de nossos ancestrais para então valorizarmos nossos povos, nossa gente, nossa cultura. Deixar de querer seguir caminhos alheios ou ser o que não somos. Deixar de valorizar o que não nos valoriza por puro preconceito ou etnocentrismo.

Sei que defender nosso ponto de vista traz criticas por parte de quem não entende o pensamento indígena, principalmente de quem só entende a filosofia ocidental e somente nela cria concepções das coisas. Mas nós indígenas temos sim pontos de vista, filosofia e concepções religiosas diferenciadas. Também nem tudo o que pensamos é igual. Cada povo tem sua própria concepção e filosofia de vida. Em outras palavras, nossa cosmovisão é tão rica em diversidade que alcança um universo inteiro.

Então já sabe. Antes de entrar nessa discussão filosófica indígena ou é preciso ser indígena ou ter a alma indígena para compreender. E não adianta debater a cosmovisão indígena ou criticar seus conceitos com outros conceitos e filosofias que não cabem nela. Ou você aceita ou ignora porque rebater não dá. Também não adianta dizer que termos como filosofia ou religião não cabem aos indígenas, usando com isso conceitos da filosofia ocidental (quase sempre preconceituosos) que não vingam. Ninguém é obrigado a concordar com o pensamento proposto aqui, porém o certo é que muitos de nossos conceitos contrariam em muito as convicções da ciência humana de base ocidental. A começar pelo termo conceitual das religiões indígenas tradicionais.

Quando afirmo que pajelança não é xamanismo estou usando um entendimento claro do que é pajelança para os próprios indígenas, amparado na maneira de vivê-la. E me afastando totalmente da concepção vulgar que a antropologia ocidental traz ao misturar religiões tribais por pura ignorância. Explico que o xamanismo (palavra proveniente do termo xamã), é uma religião tradicional e de caráter panteísta dos povos nativos da Sibéria e da Mongólia como os Buriatos, Yakuts e Manchus. Pajelança em pouca coisa ou em nada tem a ver com a "arte xamânica". Pajé não é xamã, e não podem ser confundidos de maneira alguma. Pajé é o curandeiro, quem cura através de espíritos ou com plantas medicinais cujas atividades e crenças, em muitos povos do Brasil adquiriu também caráter religioso ou de religiosidade própria e que precisa ser respeitada como tal. O pajé (do tupi: *payé*) ou qualquer nome étnico que vier a designá-lo (o povo maraguá o chama de *maylli*, o sateré o chama de *painy*, etc.) pode ser um sacerdote local ou não. Pajé é uma mistura de "padre, pastor e médico". Como "médico" não tem designação religiosa, pois para curar, o pajé não precisa necessariamente acessar os espíritos ou a espiritualidade, a ideia é a de que a cura primeiramente vem através da natureza e do conhecimento próprio. É só em ultimo caso que recebe a intervenção dos espíritos; porém, é importante saber que a pajelança, ou seja, a arte mágica ou religiosa de um curandeiro indígena brasileiro tem seus elementos comuns à crença e à cultura de seu povo, portanto as religiões tradicionais indígenas são religiões étnicas ou tribais – mesmo patamar do xamanismo segundo a designação teológica mas não é a mesma coisa. É preciso levar em conta as características étnicas de cada uma: a cultura, a mitologia, a cosmovisão, os dogmas e o entendimento do sacerdote que no caso, seria o pajé ou qualquer nome que se lhe designe.

Essa história de que os deuses dos indígenas são o sol, a lua e as estrelas não existe para muitos povos.

Muitas religiões indígenas têm seus espíritos ligados à natureza, mas nem todas. Grande parte das religiões ou espíritos nada têm a ver com filosofias como o panteísmo ou se enquadram no conceito do animismo. A maior parte das entidades têm corpos próprios e não simbolizam qualquer elemento natural. Alguns têm forma de gente, outros, de animais, assim por diante. Há entidades que nem corpos têm, vivem na ideia de que basta "ser" para existir.

Bom saber que religião não é o mesmo que espiritualidade. A espiritualidade está presente em todo povo indígena, mas nem todo povo indígena desenvolveu o conceito de religião, principalmente dos mandamentos próprios ou de hierarquias humanas ou espirituais, mas é bom lembrar que os preceitos são parecidos quando se trata de meio-ambiente.

Também é bom saber que nem todas as religiões indígenas brasileiras de caráter étnico são chamadas de "pajelança". A maioria têm seus nomes atrelados à sua etnia, por exemplo: a religião dos Kokamas, a religião dos Marubos... Algumas ganharam nomes próprios como a Urutópiãg (palavra maraguá e sateré que significa "nossa crença") que se expandiu em outras culturas, e não se manteve necessariamente como uma religião étnica e sim universal, agregando valores, crenças e crendices das culturas amazônicas, na concepção dos espíritos ligados à natureza, nas mães da mata, nos espíritos protetores, nos dois lados antagônicos do bem e do mal, nos deuses criadores, no cuidado com a mãe-terra, na transformação de pessoas em animais, na intervenção dos *karuãnas*(espíritos particulares dos pajés), etc.

Quando os elementos da cultura de uma religião local se enquadram na espiritualidade de povos diferentes ou absorvem elementos estrangeiros vira uma religião universal, como a Islâmica, a Budista e a Cristã.

Algumas religiões são bem conhecidas como a Urutópiãg espalhada pela Amazônia e absorvida pela população ribeirinha dentro da cultura regional e das crenças, e a Religião dos Guaranis comandada pelos *Che r'amoi*. A religião indígena nordestina praticante do Toré também é bem conhecida.

Há quem diga que a pajelança paraense é uma religião indígena por ter características nativas. Algumas religiões recentemente criadas na Amazônia por populações "caboclas" são híbridas de elementos indígenas e cristãos, como as famosas: Santo Daime e União do Vegetal.

No século 19 e início do século 20 muitos movimentos religiosos de caráter messiânico surgiram na Amazônia entre populações indígenas e duraram algum tempo até se extinguirem. Essas religiões messiânicas eram sincretistas e tinham na sua orientação cristã, a pregação de que os indígenas iriam ser libertos das mãos dos "brancos" por um líder religioso local. Entre esses lideres está Manuel Reis, o "Rei da Paz", indígena maraguá precursor do movimento maraguá que chegou a se declarar "o messias" e fundou o "Reino da Paz" na região do rio Abacaxis, no Amazonas.

Sobre a filosofia de vida indígena, é importante falar sobre o pensamento e sua cosmovisão. Esse pensamento ao qual me refiro é o tradicional, o de que o ser vale mais que o ter, o comunismo social nas aldeias, a pratica de dar, de cuidar e ajudar. A sabedoria dos pajés e dos lideres tradicionais que é tão importante para a sobrevivência do povo, como etnia. Nisso se vê o mundo pelo seu melhor lado, a sua essência, destacando o valor das pessoas, mas principalmente o valor que a natureza tem –"O homem não vive sem ela". Vê-se também as correntes filosóficas que dizem que "A terra é nossa mãe", e que ela não nos pertence, mas nós pertencemos à ela, e de que "Todos os animais são nossos irmãos, portanto precisamos respeitá-los."

Um outro exemplo da grande diversidade de pensamentos e filosofias entre os indígenas, é quando falamos sobre "alma". Alguns povos e crenças tradicionais dizem que ela é imortal, outros acreditam que ela faz parte do corpo e portanto se o corpo morre, ela também morre, e há quem acredite não possuí-la.

Alguns dizem que a alma nasce criança e, assim como nós, ela cresce. Outros já dizem que ela é dada por Deus e uma terceira corrente diz que ela somos nós enquanto vivos, portanto, sem ter como existir sem o corpo. Mas em uma coisa as culturas se assemelham: não acreditam em fantasmas como alma de mortos. Para elas as entidades e "visagens" são seres naturais e vivem na floresta. Não são espíritos de mortos, mas espíritos de corpos próprios com funções certas dentro do espaço natural.

A sabedoria indígena é rica em entendimento da vida e é nela que a espiritualidade nativa se concentra. A vivência dessa espiritualidade traz fama aos povos da floresta como "gente sábia". Um exemplo disso é a tolerância religiosa e cultural. Mesmo que a pessoa se converta ao cristianismo, saberá conviver com a espiritualidade nativa sem preconceito. É necessário saber que mesmo convertido a uma religião diferente, a pessoa não precisa sair de seu habitat espiritual. Pessoas que mantêm a espiritualidade e a cultura mesmo sendo cristãs são mais felizes e resolvidas.

Se as religiões indígenas não têm um templo ou uma igreja não significa que elas não sejam religião. E se esse for o caso, basta lembrar dos lugares sagrados de cada povo. Lugares sagrados podem ser os templos. Há inclusive lendas sobre cidades perdidas e templos indígenas na Amazônia. O que precisamos fazer é estudar mais e nos aprofundar no assunto para não cair no erro dos euro centristas que criam estereótipos por falta de conhecimento.

Portanto, vamos deixar de preconceito, paremos com essa história de que tudo é a mesma coisa ou que a tudo se chama xamanismo. Ao invés disso, procurar conhecer a verdade e entendê-la como tem que ser. Sem estereótipos, sem etnocentrismo. Ver e aprender as atividades indígenas em todos os aspectos.

SOBRE O AUTOR

Sou Ozias Yaguarê Yamã Glória de Oliveira Aripunãguá, **escritor, ilustrador, professor, geógrafo e ativista indígena amazonense**, crescido no paranã do Urariá, município de Nova Olinda do Norte, localidade de Novo Horizonte Yãbetue'y, aldeia indígena da etnia maraguá. Por meu pai ser descendente de

Sateré, e minha mãe ser **Maraguá**, digo que sou filho de dois povos, o que para mim é motivo de orgulho.

Por algum tempo vivi entre a aldeia, o interior ribeirinho (paraná do Limão) e as cidades de Parintins e Manaus, antes de morar por seis anos em São Paulo, onde me licenciei em Geografia pela **UNISA** – Universidade de Santo Amaro, e iniciei a carreira de professor, escritor, ilustrador e também passei a dar palestras de temática indígena e ambiental na companhia de importantes lideres indígenas.

Em 2004 retornei ao Amazonas com o objetivo de retomar o processo de reorganização do povo Maraguá e de lutar pela demarcação de suas terras, visto que o povo estava disperso. Nesse processo idealizei o projeto "**De volta às origens**" que visava não somente a reorganização territorial do povo e seu reconhecimento, mas o resgate da cultura e da língua falada por apenas seis anciões. Nisso, criamos a ASPIM – Associação do Povo Indígena Maraguá, com sede em Nova Olinda do Norte, na qual militei por seis anos como vice coordenador, cargo que ocupei com orgulho frente às diversidades e ameaças de madeireiros e traficantes de animais e de drogas que atuam na região.

141

Usando esse mesmo projeto, tenho palestrado nas calhas interioranas da região do baixo Amazonas, nos municípios de Boa Vista do Ramos, Maués e Barreirinha junto às comunidades ribeirinhas visando a conscientização e a valorização dos povos e das culturas indígena e sua relação étnico-cultural com os chamados caboclos, com o objetivo de resgate da consciência indígena do auto reconhecimento. A isso chamo de "projeto piloto em prol do verdadeiro movimento indígena". Dessa forma, em municípios onde não havia presença de indígenas no censo oficial, hoje somam-se centenas. Dois exemplos estão em Boa Vista do Ramos, onde em 2004 e 2005 palestrei e ajudei a conscientizar várias comunidades ribeirinhas na busca de sua identidade étnica Sateré, e em Nova Olinda do Norte, que até 2004 era um município sem a presença indígena e hoje, mais de setenta por cento da população interiorana ou é Maraguá ou Munduruku.

De 2011 a 2014 morei em Parintins, onde trabalhei no festival folclórico de Parintins, como Conselheiro de Artes da Agremiação Folclórica Boi Bumbá **Caprichoso**, visando sempre meu lado ativista, e com isso procurando ajudar na quebra de estereótipos

142

e preconceitos do próprio festival com relação aos indígenas, com o que acredito ter influenciado nos festivais seguintes. Ali fui coautor de quatro músicas (toadas) de enredo mítico e ritualístico para o festival nas temporadas 2014/2015, com a parceria de Gerlean Brasil, Geovane Bastos e Adriano Aguiar, grandes compositores da música de toada de boi.

Em 2015, após passar por vários lugares, entrei de licença na SEDUC onde trabalho como professor do estado, em Parintins, e retornei pela terceira vez à aldeia, no rio Abacaxis, que ajudei a organizar para dar continuidade ao movimento indígena Maraguá no município de Nova Olinda, dessa vez visando a luta pelo território e a expansão do mesmo. Desde então, tenho atuado em palestras por todo o Brasil.

No período de 2016\2017 estive atuando na Fundação Estadual do Índio – FEI, órgão do governo do estado do Amazonas, em Manaus, como Coordenador de Cultura.

Agora em 2018, com dezenas de projetos sociais prontos para serem trabalhados, pretendo organizar não somente outra parte de meu povo nos municípios de

Parintins e Boa Vista, mas também reorganizar grupos remanescentes de povos chamados extintos pela bacia do Baixo-Amazonas e rio Madeira.

Sou autor de 26 livros, a maioria de temática indígena e ambiental na literatura fantástica e de contos. Alguns desses livros conquistaram prêmios nacionais e internacionais como o Altamente Recomendável (FNLIJ), **White Ravens** da Biblioteca de Munique (Alemanha) e os selecionados para a **Feira de Bologna** (Itália) e PNBE. Todos, visando a inserção do índio na sociedade e a divulgação da cultura indígena sem preconceito e sem estereótipos, num movimento nacional denominado "Literatura Indígena". Além disso, tenho participação em varias antologias junto com autores consagrados.

Como ilustrador, tenho trabalhos em meus próprios livros bem assim como participação em obras de outros autores como o livro "Coisas de Índio" de Daniel Munduruku. Como artista plástico tenho participação na obra "Etnias do sempre Brasil", da escultora **Maria Bonomi**, com duas placas de bronze, expostas no Memorial da América Latina, em São Paulo

Sou pai de cinco filhos: Kawrê e Kenatiê (filhos do primeiro casamento), Yaguarê, Tainãly e Kalyzi (meus caçulas).

www.ingramcontent.com/pod-product-compliance
Lightning Source LLC
Chambersburg PA
CBHW060802050426
42449CB00008B/1491